Livro de

NEEMIAS

Integridade e Coragem em Tempos de Crise

Livro de

Neemias

Integridade e Coragem em Tempos de Crise

Elinaldo Renovato

CPAD

Rio de Janeiro
2014

Preparação dos originais: Elaine Arsenio
Revisão: Daniele Pereira
Capa: Alexander Diniz
Projeto gráfico: Fagner Machado

CDD: 248 - Vida Cristã
ISBN: 978-85-263-0697-9

As citações bíblicas foram extraídas da versão Almeida Revista e Corrigida, edição de 1995, da Sociedade Bíblica do Brasil, salvo indicação em contrário.

Para maiores informações sobre livros, revistas, periódicos e os últimos lançamentos da CPAD, visite nosso site: http://www.cpad.com.br.

SAC — Serviço de Atendimento ao Cliente: 0800-021-7373

Casa Publicadora das Assembleias de Deus
Caixa Postal 331
20001-970, Rio de Janeiro, RJ, Brasil

4ª impressão: Março/2014 Tiragem 2000

Agradecimentos

Em primeiro lugar, agradeço a Deus pelo privilégio que me concede de escrever mais um livro. Desta feita, sobre um dos maiores líderes do povo de Deus, Neemias, que foi um exemplo de liderança com a unção de Deus.

Agradeço a meus pais, José Martins de Lima (*in memoriam*) e Milza Renovato de Lima, que me encaminharam na fé em Cristo Jesus.

À minha esposa, Íris, que, aos 46 anos de casados, é uma amiga sempre presente em minha vida e que me ajuda em meu ministério. Ela é minha leitora número um, que me ajuda na revisão dos livros e textos que escrevo.

A meus filhos, Ilana e seu esposo, Kennedy, a Rebeca e Bia (netas), à Ilene e seu esposo, Joel, e Jônatas (netinho), a Elieber e sua esposa, Talita, e a Taminha (neta), a Elieber Filipe (netinho) e Tâmara (a netinha mais nova); à Raquel e seu esposo, Leandro, pelo incentivo que me dão com suas vidas nos caminhos do Senhor. Dando-me, portanto, a alegria de dizer que "eu e minha casa servimos ao Senhor".

À Assembleia de Deus em Parnamirim, onde sirvo como pastor pela graça de Deus. Aos irmãos e amigos que oram por mim e pelo meu ministério.

À CPAD, na pessoa do seu diretor Ronaldo Rodrigues, que tem valorizado o autor nacional. À sua diretoria, formada por homens que colaboram para a melhoria da educação cristã. Enfim, a todos os colaboradores da nossa Casa Publicadora.

Aos queridos irmãos, leitores pelo Brasil afora que têm prestigiado nosso trabalho literário, que este livro seja uma bênção para edificação de suas vidas. Que toda glória seja dada ao Senhor!

Elinaldo Renovato de Lima — Pastor

SUMÁRIO

APRESENTAÇÃO

Escrever sobre temas bíblicos nos dá grande satisfação. O trabalho de horas e mais horas debruçado sobre a Palavra de Deus e sobre livros que abordam um determinado tema é uma experiência agradável, uma bênção da parte de Deus para o ministério do autor.

Comentar sobre liderança é uma tarefa desafiadora, sobretudo, nos dias atuais, quando o mundo carece de líderes verdadeiros. Com as técnicas de marketing, com o apoio da mídia de forma variada, há muitos que são feitos ou que se intitulam líderes. Mas escrever a respeito de liderança, respaldado na Bíblia, é missão gratificante, pois, no livro sagrado, encontramos modelos de líderes genuínos que deixaram o legado do seu exemplo para as gerações vindouras.

Nesta obra, que temos o prazer de colocar às mãos do público evangélico, observaremos o exemplo de liderança de Neemias. Mesmo sendo um oficial do rei Artaxerxes, rei da Pérsia, exercendo a função da mais alta confiança, não se acomodou em sua "zona de conforto", mas se preocupou com seu povo ao saber que Jerusalém achava-se em grande miséria.

Neemias não foi um líder qualquer. Foi um líder proativo e espiritual. Não confiou apenas em seus conhecimentos e relacionamentos. Era um homem de oração. Orou, mas agiu também. Tornou-se o grande líder da reconstrução de Jerusalém sucedendo outros homens que foram usados por Deus.

Abordaremos, neste livro, acerca da coragem de Neemias ao se defrontar com os inimigos da obra de Deus. Veremos a sua influência sobre os seus liderados por meio de seu exemplo e caráter, e como Deus aprovou o seu ministério enviando um poderoso avivamento sobre o seu povo.

Parnamirim, RN, 27 de abril de 2011
Elinaldo Renovato de Lima

Prefácio

O pastor Elinaldo Renovato é um dos mais conceituados teólogos das Assembleias de Deus no Brasil. Firme em suas convicções e jamais negociando os valores supremos da fé cristã, não teme falar o que convém à sã doutrina. Ele é bíblico e ortodoxo. E não se envergonha disso. Não disfarça suas convicções e não maquia seus posicionamentos éticos. Age como um autêntico líder.

Neste livro, Elinaldo mostra a essência da liderança. Tendo como padrão a vida de Neemias, ressalta ele que o líder só pode ser bem-sucedido se discurso e prática estiverem plenamente harmonizados. Doutra forma, pode-se ter até um chefe; líder, não. Parece um princípio elementar e até óbvio, mas é exatamente aí que reside a excelência de um verdadeiro homem de Deus.

O marechal francês Ferdinand Foch comungava desse princípio: "A grandiosidade não depende da importância do seu comando, mas da maneira pela qual você o exerce".

Renovato não se limita à teoria. Ele é um líder que se destaca mais pela prática do que pelo discurso. Estando sempre à frente de grandes desafios, sabe que a ortopraxia vale mais do que mil pronunciamentos. Sabe ainda que as palavras, destituídas de exemplos, são como nuvens sem água: ressoam e até estrondam, mas não causam efeito algum. E se o púlpito estiver exilado de ações piedosas, como as almas hão de se render ao Senhor?

Professor universitário, soube como conduzir seus alunos além dos limites da academia. Ele não permite que o aprendizado se resuma à informação, mas que se plenifique na formação integral do ser humano. Assim agem os que são chamados a exercer o ministério do ensino: esmeram-se, porque menos do que isto é inaceitável. O irmão Elinaldo nunca deixou que o diagnóstico de Erich Fromm, filósofo alemão, se cumprisse em seu ministério: "Estamos preparando máquinas que atuam como homens, e homens que atuam como máquinas".

Por conseguinte, o pastor Elinaldo Renovato não é um líder teórico. À semelhança de Neemias, é um líder que sabe como enfrentar as crises com integridade e coragem. É um líder que, além de falar e de escrever para líderes, é um raro exemplo para os seus liderados. Eis a essência da liderança.

Pr. Claudionor de Andrade

1

QUANDO A CRISE MOSTRA A SUA FACE

E disseram-me: Os restantes que não foram levados para o cativeiro; lá na província estão em grande miséria e desprezo, e o muro de Jerusalém, fendido, e as suas portas, queimadas a fogo (Ne 1.3).

Quando o povo de Deus desobedece à sua Palavra, inevitavelmente, abre brechas para que os inimigos causem prejuízos espirituais, morais e de toda a ordem. Neemias foi um homem extraordinário usado por Deus para a reconstrução dos muros de Jerusalém quando o povo de Israel encontrava-se no cativeiro, e uma parte da nação tentava sobreviver e reconstruir a cidade que um dia fora orgulho do povo hebreu. Era um tempo de crise geral, consequência da desobediência a Deus.

Neste estudo há lições preciosas para a Igreja do Senhor Jesus Cristo em razão do período de crise espiritual e moral que se vive em todo o mundo. Ao olharmos para o passado, vemos na história da igreja evangélica, especialmente, na Assembleia de Deus, homens e mulheres que foram responsáveis pela herança gloriosa de um legado de feitos e fatos que honraram a obra pentecostal no Brasil.

Nos dias atuais, existe uma necessidade enorme de buscarmos a Deus pedindo-lhe que nos dê graça e unção a fim de seguirmos o exemplo desses homens e mulheres de Deus. O exemplo de Neemias é de um tempo longínquo, de milênios. Seu exemplo e o de muitos que nos antecederam são de grande valor para a Igreja do Senhor Jesus Cristo, e precisamos continuar tendo nomes de peso na liderança da obra do Senhor. Eles existem e devemos reconhecer isso, mas não cabe a nós, neste trabalho, citá-los para que não cometamos injustiça ao omitirmos alguns.

Ao entendermos isso, o Senhor nos conclama a nos espelharmos na vida, no exemplo e no testemunho dos pioneiros. Eles miraram nas páginas bíblicas os exemplos que marcaram suas vidas. E não temos dúvida de que Neemias foi um dos "ícones", no que diz respeito à liderança, que inspirou tantos servos de Deus. Vivemos em um mundo caótico, em um país que enfrenta crise moral, ética e espiritual. A Igreja do Senhor Jesus está passando, certamente, pelo momento mais difícil de sua história. As forças do mal querem amordaçá-la. Como destruí-la é impossível, os inimigos querem silenciá-la. Mas confiamos no Líder Maior, o Senhor e Salvador Jesus Cristo, que dará vitória ao seu povo.

A Crise em Jerusalém

Antecedentes históricos. Por causa da desobediência ao Senhor, o povo de Israel, com suas dez tribos, (reino do Norte) foi levado cativo à Assíria, no reinado de Peca, em 740 a.C. e o restante, em 721 a.C;[1] em 597 a.C., no reinado de Joaquim (Dn 1.1), foi a vez de Judá (reino do Sul) ser levado à Babilônia por ordem de Nabucodonosor.[2] Ali, os cativos tiveram certa liberdade religiosa com Daniel, Sadraque, Mesaque e Abede-Nego. Mas seu filho, Belssazar, orgulhou-se e perdeu o reino para os medos e os persas (Dn 5.28-31), que foi conquistado por Dario, o medo.

Contudo os persas prevaleceram (Dn 8.3). No primeiro ano do reinado de Ciro (Ed 1.1), Deus tocou em seu coração (Is 45.1) e permitiu que um grupo de judeus fosse a Jerusalém para reconstruir o Templo. Deus sempre dá um escape quando alguns dos seus servos o honram e lhe obedecem nos tempos de crise. Sempre há alguém orando, jejuando e suplicando pela misericórdia de Deus. É inte-

---

[1] R.N. CHAMPLIN & J.M. BENTES. *Enciclopédia de Bíblia, teologia e filosofia,* p. 675.

[2] Ibid., p. 675.

ressante notar que Ciro, rei da Pérsia, era um rei gentio. Mas Deus quis usá-lo para que fosse um instrumento a favor de seu povo. Deus poderia ter mandado anjos para executar a sua vontade, contudo não o fez. Usou um homem estranho, de uma nação que dominou o povo hebreu, para livrá-lo de sua miséria resultante da desobediência. Desta forma, confirmamos o que tantas vezes é declarado pelos servos do Senhor: Deus é soberano e usa quem Ele quer.

A volta com Zorobabel. Com o beneplácito do rei Ciro, uma primeira leva de 42.360 de judeus voltou para Israel a fim de reconstruí-la, no ano 538 a.C., sob a liderança de Zorobabel (2 Cr 36.22,23; Ed 1.1; Jr 29.10). Notemos que, na saída do Egito, Israel possuía cerca de 3 milhões de pessoas. Josué levou cerca de seis milhões de judeus à terra de Canaã.[3] Esse número se manteve, mas foi sendo diminuído à proporção que o povo desobedecia a Deus. Ao voltarem do cativeiro babilônico, cerca de 50 mil foram arrolados na primeira leva.

Se formos ao livro de Esdras, veremos que este elaborou uma lista enorme, mais completa, com os nomes dos integrantes dos demais líderes e suas famílias, incluindo os sacerdotes, os levitas (Ed 12.40), os filhos dos porteiros (Ne 12.42), os filhos do netineus, que eram operários e ajudantes nos serviços gerais do Templo (Ed 12.43), e outros, os quais, somados, alcançaram o número de 42.360 transportados por Zorobabel, e mais 7.337 servos e servas e 200 cantores, constituindo, no total, uma congregação de 49.897 pessoas. No histórico do primeiro grupo dos que retornaram, Esdras registra até a oferta que "os chefes dos pais" deram para a construção do Templo (Ed 12.69).

Zorobabel recomeçou a reconstrução pelo altar (Ed 3.3 e ss.) Uma ótima atitude. Quando o altar está destruído, nada prospera no meio do povo de Deus. Em seguida, pôs os alicerces do Templo (Ed 3.10). Os inimigos se levantaram e denunciaram a reconstrução ao rei Artaxerxes a fim de paralisar o trabalho dos que queriam o bem de Jerusalém. Foi intensa a luta. A construção foi paralisada, entretanto, o rei Dario confirmou que dera ordem para que a obra fosse realizada (Ed 6), e assim o Templo foi concluído, no ano de 516 a.C (Ed 6.13-22).

---

[3] Ibid. *O antigo testamento comentado, versículo por versículo,* Vol 3, p. 1804.

O papel de Esdras, o escriba. No ano de 457 a.C., houve uma segunda leva de judeus que voltou a Judá por permissão do rei Artaxerxes sob a liderança do sacerdote Esdras, escriba da lei de Deus (Ed 7.6), para continuar a reconstrução de Jerusalém. Homem de Deus, sábio e prudente, convocou os que estavam com ele para orar e jejuar (Ed 8.21).

Mas ao chegar a Jerusalém descobriu que o Templo fora reconstruído, contudo o povo estava em desobediência a Deus, inclusive os sacerdotes e os príncipes, que se casaram com mulheres estranhas (Ed 9.1-6). Isso era um pecado gravíssimo contra a lei do Senhor, entretanto Esdras agiu com firmeza e os obrigou a despedir as mulheres estranhas com quem haviam se unido. Foi uma crise sem precedentes, que causou grande prejuízo ao povo de Israel. A própria Bíblia declara: "...Deus não se deixa escarnecer; porque tudo o que o homem semear, isso também ceifará" (Gl 6.7).

O Chamado de Neemias

Quem era Neemias. Seu nome significa "Deus Consola". Era filho de Hacalias. Pouco se sabe a respeito de sua família. Ele tinha um irmão, por nome Hanani (Ne 7.2). No momento em que se informou da crítica situação de Jerusalém, ele se achava na função de copeiro do rei Artaxerxes, da Pérsia. Era uma função de plena confiança do monarca. O copeiro sempre tinha acesso ao rei. Segundo Warren, "O copeiro do rei era uma combinação do primeiro ministro, guarda-costas, agente pessoal de segurança e ajudante do rei. Era a pessoa na qual o rei mais confiava. Suas responsabilidades incluíam a obrigação de provar o vinho antes que o rei o bebesse, para assegurar-se de que não estava envenenado. Artaxerxes lhe confiava a própria vida".[4]

Não consta que Neemias pertencesse a uma família importante. Residia no palácio como membro de um povo que estava sob o domínio estrangeiro. Possivelmente, fosse um verdadeiro servo de Deus que soube dar testemunho de sua fidelidade e amor ao seu povo. Deus usa pessoas independente de sua classe social, função ou cargo que exerça. A sua exigência é que seja um servo fiel.

[4] Rick WARREN. *Liderança com propósitos*, p. 19.

Chamado por Deus. Catorze anos depois da expedição de Esdras (444 a.C), Neemias foi informado da miséria em que se encontrava Jerusalém, apesar de o Templo já estar reconstruído (Ne 1.1.2). A missão de Neemias era reconstruir os muros de Jerusalém que estavam fendidos "e as suas portas, queimadas a fogo" (Ne 1.3). Aqui já temos uma grande lição. Não adianta ter um templo bonito se os crentes estão em desobediência ao Senhor.

O resultado é miséria espiritual, que pode levar à ruína moral e material. Templo sem muro é igreja sem doutrina, sem proteção. Portas queimadas são sinônimo do liberalismo que domina muitas igrejas. Portas que permitem a entrada do mundanismo. Será não é isso o que está ocorrendo com grande parte das igrejas evangélicas em nosso país? Perderam sua identidade e os padrões norteadores da conduta cristã.

Orando em tempos de crise. "Assentei-me e chorei..." (Ne 1.4). Crise significa tanto ameaça quanto oportunidade. Neemias era um honrado oficial do rei da Pérsia. Ao tomar conhecimento da situação de seu povo em Jerusalém, sentiu-se tocado para fazer alguma coisa. Mas antes orou a Deus. Sua longa oração (Ne 1.5-10), com lágrimas, lamento, jejum, adoração, súplica, confissão de pecados e intercessão, é um exemplo de como um homem de Deus deve posicionar-se em momentos de crise. Ele seguiu o que Deus declarou em 2 Crônicas 7.14. Hoje, no meio evangélico brasileiro, há muitos pregadores, cantores, mas poucos gostam de orar. Para orar não se cobram cachês, não se disputam lugares. Muitos falam, mas poucos se quebrantam em oração.

A Intercessão de Neemias

Ele orou durante quatro meses (cf. 1.1 e 2.1) antes de ir à presença do rei. No seu livro podem-se contar onze orações registradas. A oração é a chave que move os céus. Neemias não entrou em desespero. Assentou-se para orar e chorou na presença de Deus. Orou abundantemente. Sua oração nos leva a refletir sobre como entrar na presença de Deus em tempos de crise por causa da falta de temor dos seus servos.

Ele Adorou a Deus. "E disse: Ah! Senhor, Deus dos céus, Deus grande e terrível, que guardas o concerto e a benignidade para com aqueles que te amam e guardam os teus mandamentos!" (Ne 1.5). Ele não começou sua oração pedindo, mas a iniciou adorando a Deus.

Ele exaltou a Deus. "Ah! Senhor, Deus dos céus, Deus grande e terrível...". Com essa expressão, Neemias mostra-nos como orar corretamente. Antes de pedir, de suplicar, o crente deve adorar e exaltar o nome do Senhor. Há pessoas que costumam orar de forma egoísta, suplicando bênçãos para si. Neemias começou adorando, considerando que seu Deus era o "Deus dos céus", e que estava na presença do "Deus grande e terrível". Não encontrou expressões que demonstrassem a grandeza de Deus. Certamente, ao chamar Deus de "terrível", quis dizer que o Deus de Israel é o Deus dos grandes feitos, o Deus das maravilhas. Ele conhecia a história de seu povo e sabia como Deus agira no passado com grande poder libertando o povo do Egito, passando pelo grande deserto e o conduzindo com mão poderosa à Terra Prometida.

Ele reconheceu a fidelidade de Deus. "...que guardas o concerto e a benignidade para com aqueles que te amam e guardam os teus mandamentos!" Antes de fazer qualquer pedido ao Senhor, Neemias exaltou a fidelidade de Deus no cumprimento de suas promessas que fizera quando dos concertos com seu povo, desde que esse permanecesse em obediência aos seus mandamentos. Aqui, devemos perceber que Deus não está obrigado a guardar seu concerto com aqueles que o desobedecem. Há ocasiões em que alguém ouve uma mensagem de Deus, de que vai abençoá-lo; os tempos passam, a pessoa desvia-se, e quer reivindicar o cumprimento da palavra que recebera; não é assim que Deus trabalha. Ele só tem compromisso perene com quem permanece fiel.

Ele intercedeu por seu povo. "Estejam, pois, atentos os teus ouvidos, e os teus olhos, abertos, para ouvires a oração do teu servo, que eu hoje faço perante ti, de dia e de noite, pelos filhos de Israel, teus servos...." (Ne 1.6 a). Antes de pedir a Deus o que desejava, em favor de seu povo, Neemias suplicou a Deus que ouvisse a oração que lhe fazia. Queria interceder por Israel. Hoje, existe necessidade enorme de intercessores. Existem muitos faladores e murmuradores em muitas igrejas, mas poucos intercessores. Com a chamada "teologia da prosperidade", muitos aprendem a "decretar", "determinar" e "exigir" as bênçãos de Deus!

Há pregadores que ensinam que não se deve orar dizendo: "Senhor, se for a sua vontade...". Dizem os pregoeiros da "Confissão Positiva" que essa oração é devastadora da fé. Pura manipulação exegética. Neemias não determinou que a situação de Israel fosse modificada. Ele orou a Deus em atitude de humildade, de suplicante: "Estejam os teus olhos abertos, para ouvires a oração de teu servo...". "Jesus orou a Deus dizendo: Pai, se queres, passa de mim este cálice; todavia, não se faça a minha vontade, mas a tua" (Lc 22.42). Deus nos ouve não porque decretamos ou exigimos, mas se for a sua vontade: "E esta é a confiança que temos nele: que, *se pedirmos alguma coisa*, segundo a sua vontade, ele nos ouve" (1 Jo 5.14 – grifo nosso). Observemos: "se pedirmos" (ver Mt 6.8; 21.22; Mc 11.24; Jo 14.13; 15.16).

Hoje, mais do que nunca, há necessidade de oração intercessória pelo nosso povo, pela nossa nação. O grau de corrupção moral e desregramento dos costumes e das práticas humanas é tão grande, que o que se fazia em Sodoma e Gomorra pareceria coisa de adolescentes perdidos. Todo o tecido social, desde os níveis mais simples, aos mais altos escalões do governo, está envolvido na corrupção. Além da corrupção, de conhecimento público, os governos, abertamente, posicionam-se contra os princípios sagrados emanados da Palavra de Deus.

O aborto é defendido pelo governo como "caso de saúde pública", e não de ética ou moral. O homossexualismo tem total e expresso apoio do governo. Tudo em aberto desrespeito à Palavra de Deus. A nação está doente, enferma e moribunda em termos espirituais. Por isso, diz o Senhor: "e se o meu povo, que se chama pelo meu nome, se humilhar, e orar, e buscar a minha face, e se converter dos seus maus caminhos, então, eu ouvirei dos céus, e perdoarei os seus pecados, e sararei a sua terra" (2 Cr 7.14). Neemias orou, chorou e jejuou. Também precisamos orar, chorar e jejuar por nosso país antes que seja tarde.

Ele fez confissão de pecados. "...e faço confissão pelos pecados dos filhos de Israel, que pecamos contra ti; também eu e a casa de meu pai pecamos" (Ne 1.6b). Esse certamente foi um dos pontos altos da oração de Neemias. Ele tinha consciência do pecado de seu povo, de sua desobediência e rebeldia perante Deus. E, na condição de um intercessor, confessou que se incluía entre os pecadores, incluindo a casa de seu próprio pai. A partir desse momento lançou as sementes da vitória. Neemias não orou como certos crentes, inclusive obreiros, que encobrem os pecados do povo, de sua família e os dele próprio. Confessou mais: "De todo nos corrompemos contra ti e não guardamos os mandamentos, nem os estatutos, nem os juízos que ordenaste a Moisés, teu servo" (Ne 1.7).

O intercessor coloca-se no lugar daqueles por quem intercede. Neemias foi um intercessor exemplar. Sabia o valor da confissão verdadeira. Sabia que, diante de Deus, ninguém se esconde. Como Davi, entendia que Deus tudo sabe e tudo vê. "Se subir ao céu, tu aí estás; se fizer no Seol a minha cama, eis que tu ali estás também; se tomar as asas da alva, se habitar nas extremidades do mar, até ali a tua mão me guiará e a tua destra me susterá. Se disser: decerto que as trevas me encobrirão; então, a noite será luz à roda de mim. Nem ainda as trevas me escondem de ti; mas a noite resplandece como o dia; as trevas e a luz são para ti a mesma coisa" (Sl 139.8-12).

Ele era homem humilde e sabia o valor da confissão sincera. Diz a Bíblia: "O que encobre as suas transgressões nunca prosperará; mas o que as confessa e deixa alcançará misericórdia" (Pv 28.13).

Ele se lembrava das advertências de Deus. "Lembra-te, pois, da palavra que ordenaste a Moisés, teu servo, dizendo: Vós transgredireis, e eu vos espalharei entre os povos" (Ne 1.8). O povo de Israel tinha consciência de que Deus advertira acerca das consequências nefastas da desobediência. Uma das mais terríveis seria a dispersão em meio aos povos estranhos.

Ele invocou a misericórdia de Deus. Reportando-se à Palavra de Deus, ele orou: "E vós vos convertereis a mim, e guardareis os meus mandamentos, e os fareis; então, ainda que os vossos rejeitados estejam no cabo do céu, de lá os ajuntarei e os trarei ao lugar que tenho escolhido para ali fazer habitar o meu nome" (Ne 1.9). Deus determinara que o castigo de Judá seria sofrer setenta anos sob o reinado de Nabucodonosor, conforme predissera o profeta Jeremias: "E toda esta terra virá a ser um deserto e um espanto, e estas nações servirão ao rei da Babilônia setenta anos" (Jr 25.11,12; 29.10 e ss.).

Isso nos mostra que quando Deus tem um plano para um povo ou uma pessoa, as circunstâncias podem ser as mais adversas, mas Ele é fiel para cumpri-lo. Para castigar, Deus tem limites. Para abençoar, Ele é ilimitado. Sua benignidade é para sempre (Sl 106.1).

Ele intercedeu com objetividade. "Estes ainda são teus servos e o teu povo que resgataste com a tua grande força e com a tua forte mão. Ah! Senhor, estejam, pois, atentos os teus ouvidos à oração do teu servo e à oração dos teus servos que desejam temer o teu nome; e faze prosperar hoje o teu servo e dá-lhe graça perante este homem. Então, era eu copeiro do rei" (Ne 1.10,11). A intercessão de Neemias foi semelhante à de Moisés quando Deus queria destruir Israel por causa de suas murmurações (Êx 32.32).

A Igreja do Senhor Jesus precisa de intercessores a fim de que não aconteça o que ocorrera em tempos passados, quando o Senhor buscava um intercessor e não encontrava. "E busquei dentre eles um homem que estivesse tapando o muro e estivesse na brecha perante mim por esta terra, para que eu não a destruísse; mas a ninguém achei" (Ez 22.30; Is 59.16).

No livro de Neemias, vemos que Deus levanta homens simples, muitas vezes desconhecidos, para por intermédio deles executar seus propósitos. Neemias foi um grande líder espiritual, um grande administrador e um exemplo como homem de Deus que soube unir o seu povo em momentos de grande crise.

Reflexão

1. Por que o povo de Israel foi levado cativo em várias ocasiões? É possível acontecer algo semelhante nos dias atuais?
2. Por que Deus usou Ciro, rei da Pérsia, para permitir a reconstrução do Templo em Jerusalém? Reflita sobre o papel de Neemias.
3. Qual era a missão de Neemias? Qual o seu plano em Jerusalém?
4. Como foi a confissão de pecados de Neemias? É fácil os líderes pedirem perdão?

2

ÂNIMO EM TEMPOS DE CRISE

Então, lhes respondi e disse: O Deus dos céus é o que nos fará prosperar; e nós, seus servos, nos levantaremos e edificaremos; mas vós não tendes parte, nem justiça, nem memória em Jerusalém. (Ne 2.20)

Na edificação da Casa do Senhor, o líder deve ter prudência e entusiasmo para incentivar a cooperação dos liderados. Neemias era um líder que possuía elevado senso de equilíbrio. Ao chegar a Jerusalém, não se precipitou em tomar decisões apressadas. Antes de tudo, fez um levantamento da situação em que se encontrava a cidade. Não declarou sequer às pessoas que acompanhavam os detalhes de sua missão. Só depois, ao estar ciente do que ocorrera, reuniu os líderes da cidade e lhes expôs o que Deus colocara em seu coração, e os convidou a enfrentar a grande obra da restauração. É um dos maiores exemplos de boa administração na Bíblia.

É de vital importância administrar com prudência. Muitos obreiros do Senhor que lideravam ministérios profícuos e reconhecidos, nacional e internacionalmente, são hoje sombras do passado. Vivem no ostracismo eclesiástico porque não foram prudentes. Seus ministérios desabaram sob o peso dos escândalos ou envolvimentos com práticas desabonadoras para a liderança cristã. Neemias é um exemplo notável de como um homem de Deus deve agir diante das crises que surgem no ministério.

Além da prudência, Neemias soube motivar seus liderados. Motivação é o combustível que a maioria dos obreiros precisa para atuar na liderança de uma igreja ou atuar em cargos ou funções ministeriais. A chamada de Deus é o primeiro passo, certamente é o ponto de partida que incentiva o obreiro, contudo somente a chamada não move aquele que é chamado. É necessário que, no seu dia a dia, sinta-se entusiasmado para atender ao chamado de Deus. O personagem desse comentário era um homem cheio de motivação, não era individualista, pois procurou motivar seus liderados.

No meio eclesiástico já se conhecem vários casos de obreiros cônscios do chamado de Deus, que, depois de algum tempo, perdem a motivação diante das lutas e oposições ao seu trabalho. Perder a motivação é perder energia, e sem ela torna-se difícil incentivar os outros a cooperar com o líder. Ao acompanharmos os passos de Neemias, veremos como deve ser um líder eficaz à frente da obra do Senhor, principalmente em tempos de crise.

As Portas se Abrem com a Oração

Parecia tudo tão difícil. Notícias tão perturbadoras a respeito do que acontecia com o povo de Deus. Um simples copeiro, ainda que honrado, preocupou-se em agir. O que fazer? Neemias orou e Deus entrou em ação. O rei percebeu a preocupação de Neemias (Ne 2.1,2) e indagou o motivo de sua tristeza. A partir desse momento, as orações estavam sendo respondidas. Neemias explicou o porquê de sua tristeza, e Deus tocou no coração do rei para enviá-lo a Jerusalém a fim de reconstruir dos muros (Ne 2.3).

Neemias foi agiu com sabedoria ao interceder por seu povo (Ne 2.4-8). Não quis viajar clandestinamente. Pediu cartas que dessem respaldo legal à sua arriscada viagem. Muitas vezes, sob o pretexto de que a obra é de Deus, há crentes que abusam no descumprimento das leis, e por isso são punidos. As autoridades representam a Lei, e, como cidadãos, precisamos dar exemplo na obediência às leis do país. Desde que elas não confrontem com a "Lei Maior", que é a Palavra de Deus, o cristão deve ser cumpridor das leis de seu país.

Um Líder Prudente

O sigilo necessário (Ne 2.12). No ano 444 a.C, houve o terceiro retorno dos judeus da Babilônia sob a liderança de Neemias, com a missão de reconstruir e concluir os muros de Jerusalém (Ne 2.1). Neemias tinha todo o apoio do rei para iniciar e prosseguir com a obra da restauração dos muros de Jerusalém. Com aquela delegação, estava na condição de governador, nomeado pelo Império Persa. No entanto, não se aproveitou disso, antes, como homem de fé e oração, soube agir com prudência. Durante três dias rodeou os diversos recantos da cidade, e constatou pessoalmente que as informações que lhe chegaram acerca da ruína da terra de seus pais eram verdadeiras e até mais dramáticas.

Pessoas de confiança. Em sua prudência, não se fez acompanhar de grande séquito, e, sendo assim, iniciou sua verificação à noite, provavelmente em uma noite enluarada. Apenas convidou poucos homens para acompanhá-lo em sua viagem de inspeção. Na obra do Senhor é sempre interessante desfrutarmos da companhia de pessoas de confiança, a fim de nos acompanhar "à noite", quando as coisas não estão muito claras. Ainda assim Neemias não declarou a ninguém o que estava em seu coração "para realizar em Jerusalém".

Em nossos dias é comum o obreiro sentir os efeitos da presença de pessoas desleais que tentam minar o seu ministério. É preferível trabalhar com pessoas de menos competência técnica, mas que sejam sinceras, a ter em volta de si "sumidades" que possuem o espírito de Judas. O obreiro precisa trabalhar com "homens tementes a Deus, homens de verdade, que aborreçam a avareza..." (Êx 18.21).

Se Neemias desfrutasse da companhia de homens desonestos e traidores, todos os seus planos seriam prejudicados e os inimigos prevaleceriam. Devemos pedir a Deus que envie homens honestos, a fim de que atendam o que Paulo ensinou ao jovem discípulo Timóteo: "Procura apresentar-te a Deus aprovado, como obreiro que não tem de que se envergonhar, que maneja bem a palavra da verdade" (2 Tm 2.15).

Um Convite para a Edificação

Revelando os planos no tempo certo. A prudência e a sabedoria de Neemias deram-lhe condições para enfrentar a crise. Sua discrição, silêncio, cuidado e paciência eram qualidades notáveis para que ele obtivesse êxito, naquela situação de instabilidade crítica. Ele só revelou os planos aos demais líderes e aos que trabalhavam na reconstrução da cidade quando já estava ciente acerca da situação crítica da cidade, bem como sobre o que pretendia fazer. Ou seja, soube dizer a coisa certa, no tempo certo e para as pessoas certas. A palavra dita no tempo certo é como "... maçãs de ouro em salvas de prata..." (Pv 25.11).

A exposição do problema. Era gravíssima a situação de Jerusalém. O segundo Templo já estava concluído, mas não havia alegria entre o povo. O culto a Deus fora prejudicado. Pessoas estranhas tinham acesso ao lugar sagrado, pois a cidade estava desprotegida. A segurança das cidades naquela época eram os fortes muros e as portas de madeira maciça, que impediam o avanço dos inimigos.

Reunindo os magistrados e outros líderes, Neemias lhes expôs o que vira em sua inspeção: "Então, lhes disse: Bem vedes vós a miséria em que estamos, que Jerusalém está assolada e que as suas portas têm sido queimadas" (Ne 2.17a). Era uma situação de miséria espiritual, moral, social, econômica e financeira. Tudo isso era resultado da desobediência e rebeldia contra Deus.

Em muitas igrejas a situação é de miséria, tal como em Jerusalém quando Neemias a visitou. Os líderes vivem no pecado, e os liderados, por sua vez, não se portam conforme a Palavra de Deus. Logo, o resultado é catastrófico. São "Laodiceias" espirituais e ministeriais. Jesus mandou dizer à Igreja em Laodiceia: "Eu sei as tuas obras, que nem és frio nem quente. Tomara que foras frio ou quente! Assim, porque és morno e não és frio nem quente, vomitar-te-ei da minha boca. Como dizes: Rico sou, e estou enriquecido, e de nada tenho falta (e não sabes que és um desgraçado, e miserável, e pobre, e cego, e nu)" (Ap 3.15-17).

O convite para o trabalho. "... vinde, pois, e reedifiquemos o muro de Jerusalém e não estejamos mais em opróbrio" (Ne 2.17). Aqui, vemos uma lição extraordinária de um líder que tem maturidade e competência. Ao reunir os outros líderes, não foi buscar as razões da situação crítica da cidade, não foi procurar saber quem eram os culpados. Entre os políticos, quando assumem cargos administrativos, a primeira medida é procurar os erros de administrações anteriores para fazer acusações e buscar punições. Dentro das igrejas, infelizmente, isso também acontece, pois os obreiros procuram as falhas dos antecessores a fim de se promoverem no ministério.

Neemias agiu de forma competente, cheio da unção de Deus. Expôs a situação da cidade e propôs a solução: "... vinde, pois, e reedifiquemos o muro de Jerusalém e não estejamos mais em opróbrio". Há pessoas que têm muitos planos, muitas ideias, mas não conseguem colocá-las em prática. Outros só sabem criticar, murmurar e provocar dissensões entre os membros da igreja, gerando contendas e divisões. Esquecem-se de que Deus abomina os contenciosos (Pv 6.16,19).

Uma Direção Sábia

De acordo com Megginson, "a função de direção compreende guiar e orientar os subordinados para que desempenhem os deveres e responsabilidades que lhes foram atribuídos, de modo a serem conseguidos os resultados desejados".[1] Uma boa direção mostra a existência de elementos fundamentais na organização.

A motivação dos liderados. Motivação é a capacidade de incentivar as pessoas a realizar seu trabalho, visando atingir os objetivos desejados. Neemias soube motivar os liderados. Para animar os outros líderes e os liderados a participarem do seu projeto, falou-lhes sobre a chamada de Deus em sua vida. Contou-lhes que orou durante quatro meses e como Deus abrira as portas tocando no coração do rei, e como obteve apoio oficial para a sua missão. Mas acima de tudo, demonstrou como Deus lhe dirigira: "Então, lhes declarei como a mão do meu Deus me fora favorável, como também as palavras do rei, que ele me tinha dito. Então, disseram: Levantemo-nos e edifiquemos. E esforçaram as suas mãos para o bem" (Ne 2.18).

Tudo indica, pelos textos bíblicos, que a reconstrução de Jerusalém na época de Neemias voltava-se primordialmente para os muros que estavam fendidos. Decerto, na época de Esdras, os muros tiveram sua construção iniciada, mas fora paralisada à força pelos inimigos (cf. Ed 4.12,13). Agora, com Neemias, o desafio era

[1] Leon MEGGINSON et al. *Administração*, p. 275.

completar a construção da cidade de Jerusalém e a restauração de seus elevados muros, que serviriam de proteção contra eventuais invasores, de povos vizinhos ou distantes que se constituíam inimigos do povo hebreu. A visão das ruínas era desoladora. Talvez muitos tenham dito que não haveria mais solução, contudo Neemias soube usar sua liderança para influenciar os seus compatriotas a se lançarem à obra da reconstrução. Eles disseram: "Levantemo-nos e edifiquemos...".

Liderança. É a capacidade de conduzir pessoas a desenvolver e atingir os objetivos da organização. Neemias era um verdadeiro líder. Um administrador nato. Não era um líder autocrático. Não disse "vão", "façam", enquanto observo e oro, mas incluiu-se na solução. "Vinde" e "edifiquemos"! Quando o líder dá o exemplo na ação, no interesse, e participa da obra, o povo percebe e se estimula a segui-lo. Líder não é o que manda, mas o que comanda. Líder não é o que diz "façam", mas o que diz, "façamos". O líder fraco diz: "Aqui quem manda sou eu!" Não é um líder, mas um "chefe".

O homem de Deus deve ser líder, ou seja, aquele que orienta as pessoas a quem lidera. O bom líder cristão não deve ser autocrático, do tipo que diz "aqui quem manda sou eu", nem do tipo permissivo ou "bonzinho", que deixa os liderados fazerem o que bem entenderem. O bom líder é participativo. Esse líder é almejado nas igrejas, pois sabe envolver os servos de Deus na missão da Igreja de Cristo Jesus.

Assim como Neemias, gostam de envolver os outros nas decisões; estimulam a participação dos liderados; confiam nas pessoas que trabalham com eles; gostam de delegar; preferem ser amigos dos subordinados; gostam de dizer: "Nós precisamos fazer", "Gostaria de ouvir a opinião de vocês". O próprio Deus é participativo. Na criação do homem, disse: "Façamos o homem à nossa imagem, conforme a nossa semelhança". (Gn 1.26). "Somos cooperadores de Deus" (1 Co 3.9; Fp 4.3; 3 Jo 8; 2 Pe 1.4).

Comunicação com os liderados. Comunicação é o processo pelo qual se cria compreensão entre os dirigentes e os subordinados. Neemias soube comunicar-se com seus liderados. Ele não falou antes do tempo. Na cidade, já havia algumas autoridades que se encarregavam de administrar a vida comunitária dentro das condições e possibilidades de que dispunham. Neemias podia ter-lhes transmitido suas intenções e seus objetivos ao chegar à cidade, mas não o fez. Após um périplo de inspeção, voltou ao lugar de partida, mas manteve o sigilo sobre suas observações. "E não souberam os magistrados aonde eu fui nem o que eu fazia; porque ainda até então nem aos judeus, nem aos nobres, nem aos magistrados, nem aos mais que faziam a obra tinha declarado coisa alguma" (Ne 2.16).

Há líderes que se prejudicam, nas igrejas, porque falam demais. O escritor de Eclesiastes declara: "Não te precipites com a tua boca, nem o teu coração se apresse a pronunciar palavra alguma diante de Deus; porque Deus está nos céus, e tu estás sobre a terra; pelo que sejam poucas as tuas palavras" (Ec 5.2).

Em se tratando de planos, mesmo na obra do Senhor, só devem ser divulgados quando todos os detalhes estiverem definidos no que diz respeito a objetivos, metas, pessoas envolvidas, recursos necessários e resultados esperados. O exemplo de Neemias nos fala bem sobre a prudência que deve ser adotada na obra do Senhor, especialmente, em tempos de crise, para não despertar os adversários.

Os Inimigos se Levantam

Inimigos da edificação. É uma realidade a ser encarada por qualquer servo de Deus, sobretudo, pelos líderes. Sempre haverá inimigos contra aqueles que querem servir na edificação do Reino de Deus. Um líder jamais satisfará a todos, mesmo na obra do Senhor. Nem mesmo Jesus agradou a todos. O próprio Deus teve de confrontar seu inimigo, o querubim Lúcifer, que tentou usurpar-lhe o trono. Jesus teve tantos inimigos que sentiu de perto a sua opressão, principalmente, no dia de seu julgamento (Mt 26.54-68).

Paulo, o grande apóstolo dos gentios, sofreu oposição de inimigos dentro das igrejas que foram abertas por ele. Teve que alertar o jovem obreiro Timóteo quanto aos inimigos do ministério. Dentre esses, surgiram Alexandre e Himeneu, que viviam blasfemando no meio da igreja local. O principal era "Alexandre latoeiro", que perturbava o homem de Deus. Na primeira carta, Paulo diz que os entregou a Satanás (1 Tm 1.20); na segunda carta, o apóstolo diz: "Alexandre, o latoeiro, causou-me muitos males; o Senhor lhe pague segundo as suas obras. Tu guarda-te também dele, porque resistiu muito às nossas palavras" (2 Tm 4.14,15). Não é difícil, nas igrejas locais, encontrarmos os "latoeiros" que vivem perturbando os homens de Deus.

Neemias encara os inimigos. Eles não tardaram em aparecer. Enquanto Jerusalém estava em ruínas, e ninguém se interessava por sua reedificação, os inimigos estavam quietos. Certamente, tiravam proveito pessoal da situação. Eram bajuladores do rei, mas inimigos do povo de Deus. Diante do caos, imaginavam que o Deus de Israel nada faria. Mas o Senhor levantou um homem de bem, de dentro da própria corte real, para agir em favor de seu povo. Deus sempre tem um homem para cumprir seus desígnios. Quando Elias pensava que era o único profeta que sobrevivera, Deus lhe disse que ainda tinha sete mil que não se dobraram diante de Baal (1 Rs 19.18).

Ao tomarem conhecimento de que Neemias estava trabalhando pela reedificação dos muros, os inimigos se manifestaram. Ao que parece, eram influentes e tinham relações com o palácio do rei. Diz o texto: "O que ouvindo Sambalate, o horonita, e Tobias, o servo amonita, e Gesém, o arábio, zombaram de nós, e desprezaram-nos, e disseram: Que é isso que fazeis? Quereis rebelar-vos contra o rei?" (Ne 2.19).

Quem eram esses inimigos? Certamente, eram os líderes da oposição aberta contra o homem de Deus.

Sambalate, o horonita. "Era nome babilônico. Ao que tudo indica, teria habitado na região de Bete-Horon, ao sul de Efraim (Js 10.10; 2 Cr 8.5), sua cidade natal. A única cosa que sabemos com certeza é de que ele tinha algum tipo de poder civil ou militar em Samaria, no serviço ao rei Artarxexes (Ne 4.2)".[2]

Tobias, o servo amonita. "Provavelmente um oficial do governo persa"... "era altamente favorecido pelo sacerdote Eliasibe, que lhe concedeu uma sala para ocupar nas dependências do Templo em Jerusalém".[3] Aqui, vemos como certos relacionamentos, no meio do povo de Deus, podem prejudicar sua obra. Um opositor da edificação tinha apoio do sacerdote do Templo.

---

[2] R.N. CHAMPLIN. *O antigo testamento interpretado - versículo por versículo. Dicionário*, p. 5229.

[3] Ibid., p. 5381.

Gesém, o arábio. "Seu nome figura exclusivamente no livro de Neemias (2.19; 6.1,2,6). Era um árabe, inimigo dos judeus que voltaram do cativeiro babilônico para a Terra Santa. Opunha-se aos desígnios do governo judaico, tomando-o como sedicioso e sujeitando-o ao ridículo. Por essa razão, foi que Gesém participou ativamente do conluio de Tobias contra a segurança de Neemias".[4]

Eles usaram a tática da intimidação, insinuando que Neemias estaria à frente de uma rebelião contra o rei. Essa mesma tática já fora usada pelos inimigos contra o sacerdote Esdras, que antecedera Neemias quando da reconstrução do Templo. A edificação foi perturbada pelo "povo da terra" (Ed 4.4,5); escreveram cartas ao rei, acusando os judeus de estarem se revoltando contra o reino (Ed 4.7 e ss.).

E a obra da construção do templo foi paralisada (Ed 4.24). Certamente, em muitas ocasiões, a obra do Senhor é perturbada e até prejudicada a ponto de não poder prosseguir. Dirá alguém: "Deus não é onipotente? Como não impede a ação dos inimigos?". De fato, Deus tudo pode fazer, mas segundo seus propósitos. Nem Ele sempre quer realizar tudo o que pode. Se os inimigos prosperam é por sua permissão.

Não é difícil encontrar nos dias atuais esses "Sambalates, Tobias e Geséns" no meio das igrejas locais. São pessoas insatisfeitas com a liderança, com os pastores, dirigentes de congregação ou de departamentos. Elas têm ambições ministeriais, desejo de poder e de liderança. Muitos querem consagrações antes do tempo, e por isso se deixam levar pela carne na busca de posições. E se unem, reunindo pessoas ou grupos para fazerem oposição aos líderes, contudo frequentemente não prosperam. Mas há casos em que fazem grandes estragos, causando inquietação, dissensão e até divisões. Não é raro saírem dessa ou daquela igreja local levando os seus simpatizantes, e fundam outras igrejas ou ministérios. Infeliz é a igreja local que é fundada sobre o espírito de dissensão, de soberba e rebeldia.

Resposta aos inimigos. Neemias estava consciente de que a ação intimidativa dos adversários já tivera êxito no tempo de Esdras. Entretanto, estava certo de que Deus ouvira suas orações e as orações dos que amavam Jerusalém (Sl 122) e desejavam a sua reconstrução.

[4] Ibid., p. 4367.

A sua resposta foi incisiva, clara e objetiva, demonstrando que não estava ali para se deixar levar pela intimidação dos adversários. Vejamos a resposta do líder da restauração de Jerusalém:

"Então, lhes respondi e disse: O Deus dos céus é o que nos fará prosperar; e nós, seus servos, nos levantaremos e edificaremos; mas vós não tendes parte, nem justiça, nem memória em Jerusalém" (Ne 2.20). Que exemplo de confiança em Deus! Neemias, em sua resposta, revelou fé, mas também demonstrou ser homem equilibrado e possuidor de grande senso de humildade. Ele não disse aos adversários que usaria sua capacidade administrativa ou técnica para vencê-los.

Ele usou a fé em primeiro lugar ao dizer: "O Deus dos céus é o que nos fará prosperar". O verdadeiro líder cristão, antes de confiar em si, em sua competência ministerial, confia em Deus. Ele deu a primazia ao "Deus dos céus". A Palavra de Deus nos declara: "Confia no Senhor de todo o teu coração e não te estribes no teu próprio entendimento" (Pv 3.5). Muitos ministérios, de fama nacional, e até internacional têm sido destruídos por causa do orgulho de seus líderes. Em vez de darem glória e honra ao "Deus dos céus", buscam as honrarias para si e para suas igrejas. Isso é caminho certo para o desastre. Pois o Senhor diz: "... Portanto, diz: Deus resiste aos soberbos, dá, porém, graça aos humildes" (Tg 4.6). Contudo, Neemias não ficou apenas no âmbito da fé teórica ou subjetiva. Demonstrou sua disposição em agir e trabalhar. Fé sem ação é fé morta (Tg 2.17). É a fé dos orientais, contemplativa, sem ação, na "meditação transcendental". Não é a fé que agrada a Deus. Neemias, além de reconhecer o poder de Deus para lhe fazer prosperar, disse: "e nós, seus servos, nos levantaremos e edificaremos". Ou seja, Neemias tinha consciência de que Deus faria a sua parte, aquilo que ele e seus cooperadores não poderiam fazer. Entretanto, deveriam fazer a sua parte, isto é, teriam que colocar as "mãos à obra". Precisariam se levantar da oração e entrar em ação, a fim de executar a edificação dos muros que estavam em ruínas.

A resposta de Neemias aos inimigos não ficou pela metade. Além de mostrar sua fé em seu Deus, e sua disposição firme de trabalhar, fez com que seus adversários os reconhecesse como dignos de participar da grande empreitada na reconstrução da Cidade Santa. Foi firme e incisivo contra os inimigos da obra: "mas vós não tendes parte, nem justiça, nem memória em Jerusalém". Ele sabia que não se deixando intimidar estaria incitando ainda mais ira e oposição contra si. Mas era homem de fé e de coragem. O líder, homem de Deus, não pode ser pusilânime. Diz a Bíblia: "Se te mostrares frouxo no dia da angústia, a tua força será pequena" (Pv 24.10).

Não é fácil ser líder, e muito menos em tempo de crise. Não é fácil realizar a obra do Senhor quando na igreja local levantam-se homens com o espírito de Sambalate, Tobias ou Gesém, ou quando existem os Himeneus e Alexandre latoeiros. No entanto, quando o homem de Deus está no centro de sua vontade, Deus está ao seu lado e diz: "Não temas porque eu sou contigo... Eis que envergonhados e confundidos serão todos os que se irritaram contra ti; tornar-se-ão nada; e os que contenderem contigo perecerão. Buscá-los-ás, mas não os acharás; e os que pelejarem contigo tornar-se-ão nada, e como coisa que não é nada, os que guerrearem contigo. Porque eu, o Senhor, teu Deus, te tomo pela tua mão direita e te digo: não temas, que eu te ajudo" (Is 41.10-13).

Reflexão

1. Qual a função de Neemias, no reino de Artarxexes? Ele tinha prestígio no reino?
2. Quantos dias durou a inspeção da cidade antes de Neemias agir? Como você avalia a atitude de Neemias?
3. Como estava Jerusalém na inspeção de Neemias? Será que há paralelo com a situação de certos povos que se dizem cristãos nos dias de hoje?
4. Qual o resultado da motivação de Neemias sobre os liderados? Você acha importante a motivação dos liderados?
5. Qual a sua opinião sobre a ação de Neemias? Ele soube se conduzir diante da crise?

3

A construção em tempos de crise

Assim, edificamos o muro, e todo o muro se cerrou até sua metade; porque o coração do povo se inclinava a trabalhar. (Ne 4.6)

Na obra do Senhor é necessário que haja união, esforço e amor para que a edificação tenha prosperidade. A reconstrução dos muros de Jerusalém foi um grande desafio não só para Neemias, mas para todos os que desejavam ver o crescimento da Cidade Santa. Graças à bênção de Deus sobre os trabalhos desenvolvidos, com união e amor, foi possível completar a obra, mesmo com a oposição dos inimigos do povo de Deus. Neste capítulo, veremos como os judeus se uniram naquele momento de grande dificuldade.

É uma lição que pode ser aproveitada pelos que amam a obra do Senhor neste tempo de crise espiritual e moral que avassala o mundo. Neste comentário, desejamos aplicar os significados históricos e geográficos aos ensinos espirituais para a Igreja do Senhor, com a edificação das dez portas e das torres da muralha de Jerusalém. Vemos também a execução de um dos conceitos de administração que é a divisão do trabalho.

A união entre os que trabalham na igreja local é fator indispensável para o sucesso da missão profética da Igreja de Cristo. Essa missão foi expressa pelo Senhor na Grande Comissão quando ele disse: "E disse-lhes: Ide por todo o mundo, pregai o evangelho a toda criatura" (Mc 16.15). Sempre foi difícil evangelizar, proclamar as Boas Novas de salvação em todos os tempos e em todos os lugares. Para que esse alvo seja alcançado, é indispensável a união entre os líderes e os membros da igreja. A construção dos muros de Jerusalém, sob a liderança de Neemias, evidenciou uma completa união entre os edificadores.

O esforço dos que trabalham é requisito primordíal em qualquer obra que demande a construção, edificação ou o desenvolvimento de qualquer atividade entre o povo de Deus. Quando Deus chamou Josué para assumir o lugar de Moisés, declarou-lhe: "Esforça-te e tem bom ânimo, porque tu farás a este o povo herdar a terra que jurei a seus pais lhes daria. Tão-somente esforça-te e tem mui bom ânimo para teres o cuidado de fazer conforme toda a lei que meu servo Moisés te ordenou; dela não te desvies, nem para a direita nem para a esquerda, para que prudentemente te conduzas por onde quer que andares" (Js 1.6,7).

Na reconstrução dos muros de Jerusalém, foi notável o esforço dos que se dispuseram a trabalhar. Além disso, eles o fizeram com muito amor. Não havia o sentimento de individualismo, nem o desejo de mostrar-se e nem o de reclamar posição na obra. Os edificadores demonstraram desprendimento, ousadia e dedicação à difícil e penosa tarefa de edificar sobre as cinzas e as ruínas dos muros. O amor a Jerusalém foi a motivação. Sendo assim, todo o esforço foi recompensado. Hoje, mais do que nunca, a obra do Senhor por meio da igreja exige esforço, união e amor.

A Porta do Gado e a Porta do Peixe

A porta do gado. Na Jerusalém em construção, essa porta era utilizada para a saída e a entrada dos animais usados na celebração do culto a Deus no grande Templo reconstruído no tempo de Esdras. De acordo com os estudiosos, essa porta situava-se na "entrada mais oriental do lado norte das muralhas da antiga cidade de Jerusalém (Ne 12.39; Jo 5.2)".[1] Por essa porta, que se achava queimada, e o muro destruído, foi que se iniciou e se concluiu o circuito da reconstrução dos

[1] R.N. CHAMPLIN. *O antigo testamento interpretado,* Vol. 7, dicionário, p. 5046.

muros (Ne 3.1,32) no sentido anti-horário. Em algumas versões bíblicas, no Novo Testamento, é chamada de "Porta das Ovelhas". Junto à essa porta, no tempo de Jesus, havia o "tanque de Betesda", onde Jesus curou o paralítico enfermo havia trinta e oito anos (Jo 5.2-9).

Quem a edificou. A porta do gado ou "porta das ovelhas" foi edificada sob a liderança do sumo sacerdote Eliasibe, "com os seus irmãos, os sacerdotes, edificaram a Porta do Gado a qual consagraram e levantaram as suas portas; e até a Torre de Meá consagraram e até a Torre de Hananel" (Ne 3.1). Aqui, percebemos que os sacerdotes deram início à reconstrução dos muros da cidade. É um ótimo modelo a ser seguido pelos "sacerdotes" atuais que são os obreiros do Senhor, os quais devem dar o exemplo na edificação espiritual da Igreja do Senhor Jesus Cristo. Entretanto, os sacerdotes ou os pastores não devem dispensar o trabalho dos leigos na Casa do Senhor. O texto diz: "E, junto a ele, edificaram os homens de Jericó; também, ao seu lado, edificou Zacur, filho de Inri (Ne. 3.2). Isto é, junto ao sumo sacerdote houve o generoso trabalho de outras pessoas igualmente úteis na edificação dos muros. Nas igrejas pentecostais históricas se reconhece o valioso esforço e trabalho dos leigos, incluindo homens, mulheres, adultos, pessoas de todas as idades. Desde que sejam convertidos, "os homens de Jericó" são úteis na obra do Senhor.

Aplicação à igreja. Nos dias atuais, nas igrejas cristãs, podemos dizer que a "Porta das Ovelhas" é uma figura de Cristo, ou seja, a "Porta da Salvação": "Tornou, pois, Jesus a dizer-lhes: Em verdade vos digo que eu sou a porta das ovelhas. Todos quantos vieram antes de mim são ladrões e salteadores, mas as ovelhas não os ouviram. Eu sou a porta; se alguém entrar por mim, salvar-se-á, e entrará, e sairá, e achará pastagens" (Jo 10.7-9).

Quando a "Porta das Ovelhas", nas igrejas locais, é objeto de zelo e dedicação, o rebanho do Senhor Jesus cresce a cada dia não só em número, mas "na graça e conhecimento de nosso Senhor e Salvador Jesus Cristo" (2 Pe 3.18). Essa porta é de fundamental importância, pois toda a vida cristã começa em Cristo e todo o desenvolvimento da construção espiritual tem início no momento da conversão.

Essa porta pode ser queimada ou destruída quando a igreja local ou a denominação descuida-se da pregação do evangelho de Cristo de modo genuíno e passa a pregar mensagens heréticas que são comuns neste século. Na porta da salvação o centro é Cristo, não o homem. Quando o homem tem preeminência, tem-se o "evangelho antropocêntrico", ou seja, o homem é o centro e Jesus fica de fora, como ocorreu com a Igreja de Laodiceia (Ap 3.20). Como toda porta, a porta da salvação precisa de cuidado, de zelo e manutenção.

A porta do peixe (Ne 3.3). Era a porta vizinha à porta do gado. Segundo estudiosos, essa porta ficava na muralha noroeste. Tinha esse nome pelo fato de ser a porta de entrada e saída para os comerciantes que vendiam peixes em um mercado próximo, mas fora da cidade. Essa porta dava acesso pelo muro exterior.[2] Em Sofonias 1.10, lê-se que a Porta do Peixe ficava na Cidade Baixa.

Quem a edificou. Foi edificada pelos "filhos de Hassenaá que emadeiraram e levantaram as suas portas com as suas fechaduras e os seus ferrolhos. E, ao seu lado, reparou Meremote, filho de Urias, filho de Coz; e, ao seu lado, reparou Mesulão, filho de Berequias, filho de Mesezabel; e, ao seu lado, reparou Zadoque, filho de Baaná. E, ao seu lado, repararam os tecoítas; porém os seus nobres não meteram o seu pescoço ao serviço de seu senhor" (Ne 3.3-5).

Neste registro, dos edificadores da Porta do Peixe, vemos que o trabalho tinha como cabeça "os filhos de Hassenaá", mas eles tiveram a cooperação de diversas pessoas. A expressão "ao seu lado, reparou..." indica que houve um trabalho cooperativo em que um grupo de habitantes ajudava o outro na difícil tarefa da reconstrução. Interessante é que Mesulão era sogro de Tobias, um dos inimigos de Neemias ao lado de Sambalate e Gesém, mas foi um homem de bem, que não se deixou levar pelos laços de família a fim de fosse contra a obra do Senhor.

Também é digno o registro dos homens de Técoa (tecoítas), que nem faziam parte da lista dos que voltaram do cativeiro, contudo trabalharam na reconstrução dos muros. Certamente eram pessoas que admiravam a obra do Senhor e tinham um apreço pela cidade de Jerusalém. Sem dúvida, não ficarão sem o seu galardão (Mc 9.41).

De igual modo, há também uma referência negativa sobre os "nobres" da cidade que não se dispuseram a ajudar no árduo traba-

[2] A cidade tinha duas muralhas, para efeito de maior segurança, em caso de ameaça de invasões. Uma exterior, e outra interior.

lho, pois diziam que "os seus nobres não meteram o seu pescoço ao serviço de seu senhor". Os "nobres" constituíam-se de pessoas de maior nível social, talvez fossem intelectuais, ou ocupavam cargos elevados na administração da cidade, mas nada faziam para ajudar na restauração dos muros. Eram acomodados, preguiçosos e indolentes. Esse tipo de gente atrapalha no desenvolvimento da obra, pois cria problemas para os que querem trabalhar. Que Deus os mantenha bem longe de nós.

Na edificação dessa porta, o escritor registrou que, além da parte do madeiramento, as portas tinham fechaduras e ferrolhos. Há uma lição importante aqui. Fechaduras e ferrolhos falam de segurança, de portas seguras que não se abrem de qualquer forma.

Aplicação à igreja. Na igreja atual, a "Porta do Peixe" pode ser figura da "Porta da Evangelização". Os que evangelizam são comparados a pescadores. "E disse-lhes: Vinde após mim, e eu vos farei pescadores de homens" (Mt 4.19). A pregação do evangelho é comparada por Jesus a uma grande pescaria. "Igualmente, o Reino dos céus é semelhante a uma rede lançada ao mar e que apanha toda qualidade de peixes. E, estando cheia, a puxam para a praia e, assentando-se, apanham para os cestos os bons; os ruins, porém, lançam fora" (Mt 13.47,48).

Dessa forma, em toda igreja local deve estar sempre aberta a "Porta do Peixe", ou a "Porta da Evangelização". Por ela devem passar os pregadores, os evangelizadores que são os pescadores de almas para o Reino de Deus. Por ela devem passar também todos aqueles que querem passar pela "Porta das Ovelhas". Uma dá sequência a outra na vida cristã. Ao entrar pela "Porta do Peixe", o pecador chega à "Porta das Ovelhas", que é Jesus.

Vale a pena ressaltar que a construção de portas com fechaduras e ferrolhos pode representar o cuidado com a sã doutrina. Somente a ministração da palavra, com fidelidade e unção, pode evitar que o mundanismo tome conta da Igreja do Senhor. A "Porta do Peixe" nas igrejas locais aponta para a evangelização, que é a missão precípua da Igreja de Jesus. Apenas com a evangelização eficaz e o discipulado dinâmico pode-se ver a "Porta da Evangelização" ou "do Peixe" sendo utilizada para o crescimento do Reino de Deus.

A Porta Velha e a Porta do Vale

A porta velha. Por que esse nome? Não se sabe ao certo. Há quem afirme que se tratava de uma velha porta na parte mais antiga da cidade. Sua localização não ficou bem clara no livro de Neemias. Champlin diz que "Seja como for, parece que essa entrada da cidade ficava na esquina noroeste ou próximo a ela".[3]

Quem a edificou. Diz o livro: "E a Porta Velha repararam-na Joiada, filho de Paseia; e Mesulão, filho de Besodias; estes a emadeiraram e levantaram as suas portas com as suas fechaduras e os seus ferrolhos. E, ao seu lado, repararam Melatias, o gibeonita, e Jadom, meronotita, homens de Gibeão e Mispa, que pertenciam ao domínio do governador daquém do rio. Ao seu lado, reparou Uziel, filho de Haraías, um dos ourives; e, ao seu lado, reparou Hananias, filho de um dos boticários; e fortificaram a Jerusalém até ao Muro Largo. E, ao seu lado, reparou Refaías, filho de Hur, maioral da metade de Jerusalém. E, ao seu lado, reparou Jedaías, filho de Harumafe, e defronte de sua casa; e, ao seu lado, reparou Hatus, filho de Hasabneias" (Ne 3.6-10).

Nada se sabe acerca dos líderes da construção da "Porta Velha". Nessa edificação, notamos que há funcionários públicos, como Jadom, homens de Gibeão e Mispá que "pertenciam ao domínio do governador daquém do rio". Havia ourives, como Uziel; um boticário, uma pessoa que manipulava remédios, e até um "maioral da metade de Jerusalém" participou da reconstrução.

Aplicação à igreja. A "Porta Velha" pode-se compreender como a "Porta da Doutrina". Desde que a Igreja existe, a doutrina fundamental, que é a sua base de fé e prática, está firmada na Palavra de Deus. Ela não é nova, não é moderna, nem pós-moderna. É antiga, quando se pensa no tempo de sua existência. Foi o profeta Jeremias quem melhor recebeu de Deus o sentido dos ensinos antigos que haveriam de nortear a vida do povo de Deus.

Diz o texto bíblico: "Assim diz o Senhor: Ponde-vos nos caminhos, e vede, e perguntai pelas veredas antigas, qual é o bom caminho, e andai por ele; e achareis descanso para a vossa alma; mas

[3] R.N. CHAMPLIN. *O antigo testamento interpretado versículo por versículo*, Vol. 3, p. 1781.

eles dizem: Não andaremos" (Jr 6.16). "Veredas antigas" ou "o bom caminho", sem dúvida alguma, é uma referência aos fundamentos da doutrina que Deus mandou ensinar ao seu povo, mas por causa da rebeldia disseram: "Não andaremos". No mundo atual, em pleno século 21, há muitos crentes, membros de igrejas locais, que não querem submeter-se à doutrina. Não querem passar por baixo da "Porta Velha".

Preferem as "portas novas" construídas sobre o humanismo e o relativismo, que são parâmetros do pós-modernismo. Em muitas igrejas, os modismos doutrinários têm mais importância do que os antigos ensinos sagrados fundamentados na Palavra de Deus. Muitos querem remover os "limites antigos" (Pv 22.28) que constituem a base espiritual e moral sobre a qual a Igreja do Senhor se assenta, ao sabor dos modismos e das inovações dos tempos pós-modernos. A Igreja não é formada de pedras nem de cimento, mas de pessoas resgatadas do mundo, do pecado e do Diabo para serem "o templo do Deus vivente", como nos declara a Bíblia: "Neles habitarei e entre eles andarei; e eu serei o seu Deus, e eles serão o meu povo" (2 Co 6.16).

Como "coluna e firmeza da verdade" (1 Tm 3.15), a Igreja do Senhor Jesus Cristo precisa ser a referência espiritual, ética, moral e doutrinária para o mundo. Não pode admitir mudanças e inovações que minem suas bases. Na verdade, a Igreja não precisa de inovações, mas, sim, de renovação espiritual a fim de receber o poder, a graça e a unção para manter-se como "igreja gloriosa, sem mácula, nem ruga, nem coisa semelhante, mas santa e irrepreensível" (Ef 5.27). É um desafio de grande dimensão para os nossos dias, mas podemos confiar em sua vitória, pois Jesus é o responsável por sua edificação, visto que ela é: "a cidade que tem fundamentos, da qual o artífice e construtor é Deus" (Hb 11.10).[4]

Os modismos doutrinários, tais como teologia da prosperidade, confissão positiva, teísmo aberto, teologia do processo, G-12, entre outros, são fruto da mentalidade pós-moderna que tem dominado muitos teólogos e ensinadores. É comum ouvirmos desses "mestres" pós-modernos críticas aos antigos ensinos baseados em argumentos

[4] Elinaldo Renovato de LIMA. *Perigos da pós-modernidade*, p. 170.

falaciosos, como por exemplo, "não estamos mais nos tempos arcaicos", "precisamos rever nossos velhos conceitos teológicos".

Contra tais pseudo-avanços, em termos doutrinários, a Bíblia diz: "Não removas os limites antigos que fizeram teus pais" (Pv 22.28). Esses limites são fronteiras doutrinárias e ensinos fundamentados na Palavra de Deus. Eles não devem ser ultrapassados sob pena de a Igreja sofrer graves prejuízos espirituais e morais diante do mundo, e perder sua vigorosa e saudável capacidade de ser "sal da terra "e "luz do mundo" (Mt 5.13,14). Se há uma porta que devemos considerar é a "Porta Velha" da doutrina bíblica, consolidada na Palavra de Deus, a Bíblia Sagrada.

A porta do vale. Como o nome indica, essa porta dava saída para um vale ao lado oeste de Jerusalém. É mencionada em 2 Crônicas 28.6 e Neemias 2.13,15; 3.13. Foi por ela que Neemias iniciou a sua inspeção para constatar pessoalmente como se encontrava a cidade. Foi também onde ele concluiu sua inspeção ao passar por outras portas da muralha.

Quem a edificou. A parte que incluía a Porta do Vale era de grande extensão. "A Porta do Vale, reparou-a Hanum e os moradores de Zanoa; estes a edificaram e lhe levantaram as portas com fechaduras e os seus ferrolhos, como também mil côvados do muro, até à Porta do Monturo" (Ne 3.13). Para as condições de trabalho à época, era um trecho muito grande, com cerca de quinhentos metros (1.000 côvados). Ao que parece, a reconstrução não foi apenas da parte de alvenaria, mas das portas de madeira. O texto acrescenta: "levantaram as portas (de madeira), com fechaduras e ferrolhos" (parêntese acrescido).[5]

Aplicação à igreja. Que seria a porta do vale para os dias de hoje? Dentre outras aplicações, podemos dizer que seria "A Porta da Adoração", ou a "Porta da Oração", ou ainda "A Porta da Humilhação". Topograficamente, o vale é uma depressão de terra entre lugares elevados, entre montes ou montanhas. Espiritualmente, existem diversos sentidos para se entender o vale. Significa atitude de descer na presença de Deus. O Senhor queria falar

[5] Nota-se que em relação a outras portas se fala apenas em reparos e edificação. Neste caso, houve o levantamento de portas com suas ferragens (fechaduras e ferrolhos).

como o profeta Ezequiel. Poderia tê-lo feito onde ele se achava, mas mandou que descesse: "E a mão do Senhor estava sobre mim ali, e ele me disse: Levanta-te e sai ao vale, e ali falarei contigo" (Ez 3.22). Foi uma experiência extraordinária descer ao vale para ouvir Deus falar.

Diz o texto bíblico: "E levantei-me e saí ao vale, e eis que a glória do Senhor estava ali, como a glória que vi junto ao rio Quebar; e caí sobre o meu rosto. Então, entrou em mim o Espírito, e me pôs em pé, e falou comigo; e me disse: Entra, encerra-te dentro da tua casa" (Ez 3.23). Descendo ao vale, o profeta viu a glória de Deus; caiu sobre o seu rosto e foi cheio do Espírito de Deus. Muitas vezes o crente está no ápice do ministério, contudo não ouve mais a voz de Deus. Talvez esteja no pedestal do orgulho pessoal, da posição social ou financeira, e se esquece de Deus. Assim como Zaqueu, que precisou descer da figueira brava, é necessário descer ao vale da humildade, ao vale da oração e do quebrantamento para sentir a presença de Deus e ouvir a sua voz.

O vale pode ser lugar de lutas e batalhas. No senso comum, muitos irmãos dizem: "Estou atravessando um vale profundo...", referindo-se às tribulações que enfrentam. Gideão enfrentou os midianitas, no vale (Jz 7.1); a batalha contra os filisteus se deu num vale onde Golias foi derrotado por Davi (1 Sm 17.3; 48-51). Mas para vencer os vales de lutas, é preciso descer ao vale da oração. "Os sacrifícios para Deus são o espírito quebrantado; a um coração quebrantado e contrito não desprezarás, ó Deus" (Sl 51.17).

A Porta do Monturo e a Porta da Fonte

A porta do monturo. Esta porta só se abria para fora. Era por ela que os lixeiros ou os moradores jogavam o lixo que era despejado no Vale de Hinom, por onde atravessava o ribeiro de Cedron. Segundo Champlin, era "uma espécie de esgoto a céu aberto. Cf. Ne 2.13".[6]

Quem a edificou. "E a Porta do Monturo, reparou-a Malquias, filho de Recabe, maioral do distrito de Bete-Haquerém; este a edificou e lhe levantou as portas com as suas fechaduras e os seus ferrolhos"

[6] R.N. CHAMPLIN. *O antigo testamento comentado, versículo por versículo,* Vol. 3, p. 1782.

(Ne 3.14). Ao se referir a reparos, o texto sugere que aquela parte do muro não tinha sido destruída, mas necessitava de reparos. Tal como a porta anterior, o versículo em apreço diz que as portas foram levantadas com fechaduras e ferrolhos. Isso indica que as portas propriamente ditas tinham sido destruídas e queimadas a fogo. O seu edificador foi Malquias, que era uma espécie de governador ou administrador distrital de Bete-Haquerém, que significa "Casa de Vinhedos".

Aplicação à igreja. Toda a igreja local, em qualquer tempo, precisa ter sua "Porta do Monturo". Isso porque, em qualquer denominação, no sentido local, há coisas que podem ser comparadas à lixo no sentido espiritual ou moral. Esse "lixo" pode ser pecado, maus procedimentos, mau testemunho, intrigas, invejas, mexericos, fofocas e outros comportamentos que não devem ser tolerados na casa do Senhor. As "obras da carne" (Gl 5.19-21) quando surgem na igreja, de uma forma ou de outra, precisam ser despejadas para fora com a autoridade do Espírito Santo.

Inclusive, algumas vezes, o "lixo" é produzido por líderes que ocupam cargos no ministério. Desonestidades, má administração dos recursos financeiros, que incluem os dízimos e as ofertas, muitas vezes, são usados ilicitamente. Pecados ocultos são lixos guardados nos "depósitos espirituais", e, quando são expostos, causam grandes prejuízos. Esse é o "lixo" que mais fede. O caminho é a confissão de pecados com o abandono de sua prática (Pv 28.13). Os líderes das igrejas precisam usar a disciplina de modo correto, com justiça, para que a sujeira espiritual não prolifere no meio do povo de Deus.

A porta da fonte. O nome indica que ficava próxima a uma fonte. Seu construtor foi Salum. Os estudos indicam que se tratava da Fonte de Siloé (Selá), pois ficava próxima ao jardim do rei. Em João 9.7, vemos o episódio em que Jesus mandou o cego de nascença ir lavar-se no "Tanque de Siloé", onde ele foi curado. Ali havia um viveiro de peixes, onde as pessoas se abasteciam do pescado.

Quem a edificou. "E a Porta da Fonte reparou-a Salum, filho de Col-Hozé, maioral do distrito de Mispa; este a edificou, e a cobriu, e lhe levantou as portas com as suas fechaduras e os seus ferrolhos, como também o muro do viveiro de Selá, ao pé do jardim do rei, mesmo até aos degraus que descem da Cidade de Davi" (Ne 3.15). A partir dessa parte da muralha, outros edificadores foram registrados. Neemias, líder da parte "da metade de Bete-Zur", também contribuiu com um belo exemplo para seus liderados. Esse Neemias não era o escritor do livro.

Diz o texto: "Depois dele, edificou Neemias, filho de Azbuque, maioral da metade de Bete-Zur, até defronte dos sepulcros de Davi, e até ao viveiro artificial, e até a casa dos varões" (Ne 3.16). Ao que parece, foi extensa a faixa da muralha na qual esse Neemias cooperou. O texto destaca o papel dos sacerdotes levitas que não se limitaram a cuidar do louvor ou dos objetos do santuário, mas puseram "a mão na massa" ajudando seus irmãos no esforço para recuperar a cidade. "Depois dele, repararam os levitas, Reum, filho de Bani, e, ao seu lado, reparou Hasabias, maioral da metade de Queila, no seu distrito" (Ne 3.17).

Aplicação à igreja. A Porta da Fonte tem ligação com a Porta Velha (Porta da Doutrina). Mas podemos dizer que "a Fonte", propriamente dita, é a Palavra de Deus, a Bíblia Sagrada. Esta é a fonte da pregação, do ensino, da doutrina, do discipulado e de todas as orientações necessárias à vida saudável da Igreja do Senhor Jesus Cristo.

A Palavra de Deus é uma fonte inesgotável de ciência e de sabedoria. É dela que emana a luz para os nossos caminhos (Sl 119.105). "Porque o mandamento é uma lâmpada, e a lei, uma luz, e as repreensões da correção são o caminho da vida" (Pv 6.23). A Palavra tem a sabedoria do Senhor (Pv 2.6). As palavras do Senhor são fonte de vida espiritual e de saúde para o corpo: "Filho meu, atenta para as minhas palavras; às minhas razões inclina o teu ouvido. Não as deixes apartar-se dos teus olhos; guarda-as no meio do teu coração. Porque são vida para os que as acham e saúde, para o seu corpo" (Pv 4.20-22).

A Palavra de Deus é fonte do saber e do entendimento, pois sua eficácia atinge a parte espiritual, emocional e física do homem. "Porque a palavra de Deus é viva, e eficaz, e mais penetrante do que qualquer espada de dois gumes, e penetra até à divisão da alma, e do espírito, e das juntas e medulas, e é apta para discernir os pensamentos e intenções do coração. E não há criatura alguma encoberta diante dele; antes, todas as coisas estão nuas e patentes aos olhos daquele com quem temos de tratar" (Hb 4.12,13).

A Porta das Águas e a Porta dos Cavalos

A porta das águas (Ne 3.26). Esta porta "ficava ao lado oriental do monte Siló, defronte da Torre de Giom", junto da "Torre Alta". Seu nome deve-se, naturalmente, à existência de fontes de águas em suas proximidades.

Quem a edificou. "Palal, filho de Uzai, reparou defronte da esquina e a torre que sai da casa real superior, que está junto ao pátio da prisão; depois dele, reparou Pedaías, filho de Parós, e os netineus, que habitavam em Ofel, até defronte da Porta das Águas, para o oriente, e até à torre alta" (Ne 3.25,26). Os netineus, ou "netinim", eram serviçais do templo, que coopoeravam com os sacerdotes e os levitas (Ed 2.43,58,70). Sua origem remonta aos gibeonitas que enganaram a Josué e foram feitos tiradores de água e rachadores de lenha (Js 9.21). Os que habitavam junto à Porta das Águas, provavelmente, dedicavam-se ao transporte de água para o Templo.

Aplicação à igreja. Em cada igreja local faz-se indispensável ter a "Porta das Águas". Sem água, é impossível viver. A Terra é formada de 70% de águas. O corpo humano tem a mesma proporção do precioso líquido. No sentido espiritual, águas representam a presença, o enchimento e a unção do Espírito Santo. "E, no último dia, o grande dia da festa, Jesus pôs-se em pé e clamou, dizendo: Se alguém tem sede, que venha a mim e beba. Quem crê em mim, como diz a Escritura, rios de água viva correrão do seu ventre. E isso disse ele do Espírito, que haviam de receber os que nele cressem; porque o Espírito Santo ainda não fora dado, por ainda Jesus não ter sido glorificado" (Jo 7.37-39).

Quando os crentes creem Jesus, "como diz as Escrituras, rios de água viva" correm do seu interior. Quando há a "Porta das Águas", por onde passa esse rio, a unção do Espírito Santo flui do púlpito para a comunidade. O profeta Isaías viu essas águas que saem das fontes divinas: "E vós, com alegria, tirareis águas das fontes da salvação" (Is 12.3).

A porta dos cavalos (Ne 3.28). Como o nome sugere, por esta porta entravam os cavalos do rei para os estábulos. Situava-se "na extremidade ocidental da ponte que conduzia do monte de Sião ao Templo de Jerusalém (Jr 31.40)".[7] Há diversas referências a essa

[7] R.N. CHAMPLIN. *O antigo testamento interpretado,* Vol. 7, dicionário, p. 5047.

porta no Antigo Testamento. Foi junto a ela que a ímpia rainha, Jezabel, foi morta (2 Rs 11.16; 2 Cr 23.15).

Quem a edificou. "Desde a Porta dos Cavalos, repararam os sacerdotes, cada um defronte da sua casa. Depois deles, reparou Zadoque, filho de Imer, defronte de sua casa, e, depois dele, reparou Semaías, filho de Secanias, guarda da Porta Oriental" (Ne 3.28,29). Aqui, vemos os sacerdotes que serviam no Templo encarregarem-se de participar da reedificação dos muros e das portas. Interessante é notar que eles cuidaram de edificar "cada um defronte de sua casa". É uma lição positiva. Não adiantaria edificar em outras partes da muralha e deixar a frente de sua casa arruinada.

Não deveria haver nas igrejas a "Porta dos Cavalos". Ela ficava próxima às residências dos sacerdotes que se situavam entre o Templo e o palácio. Igreja é lugar de ovelhas, e não lugar de equinos. Ao que tudo indica, os antigos reis demonstravam seu poder e sua vaidade possuindo muitas mulheres e muitos cavalos que eram verdadeiras "armas de guerra" usadas pela maioria dos exércitos antigos.

Salomão, por exemplo, foi o exemplo exagerado dessa vaidade e soberba. Ele reuniu milhares desses animais em suas estrebarias. "Tinha também Salomão quarenta mil estrebarias de cavalos para os seus carros e doze mil cavaleiros" (1 Rs 4.26). Como se não bastasse, o filho de Davi construiu um escandaloso harém, com "setecentas mulheres, princesas e trezentas concubinas; e suas mulheres lhe perverteram o coração" (1 Rs 11.3).

Em resumo, no nosso entender, cavalos representam a força e o poder humano. Quando numa igreja local o poder humano tem prevalência, o poder do Espírito Santo se afasta. Infelizmente, é o que se vê, em muitas igrejas, e, lamentavelmente, em muitas convenções de pastores. A busca pelo poder humano é tão grande, tão ostensiva e tão descarada, que montados em "seus cavalos" de prestígio, carregados de dinheiro, não medem preço para comprar consciências em campanhas políticas que em nada ficam a desejar em termos de corrupção. Eles entram e saem, transitando pela "Porta dos Cavalos" com total desenvoltura, atropelando a Palavra de Deus, a ética e a moral que deveriam nortear a conduta dos líderes cristãos. Esquecem-se. Mas haverá um julgamento, "De maneira que cada um de nós dará conta de si mesmo a Deus" (Rm 14.12).

A Porta da Guarda e a Porta Oriental

Porta da guarda (Ne 3.31). Há divergências entre os estudiosos da Bíblia quanto ao significado e a localização dessa porta. Na versão portuguesa, é chamada de porta de Micfade (hb. *miphkad*). O nome também é controverso, pois micfade significa *assembleia* ou *recenseamento*. Ficava na seção nordeste de Jerusalém. Intérpretes entendem que em cima da muralha, junto a essa porta, reuniam-se membros do Sinédrio. A nosso ver, é razoável a tradução por Porta da Guarda.

Quem a edificou. "Depois dele, reparou Malquias, filho de um ourives, até à casa dos netineus e mercadores, defronte da Porta de Mifcade, e até à câmara do canto. E, entre a câmara do canto e a Porta do Gado, repararam os ourives e os mercadores" (Ne 3.31,32). Essa parte da muralha foi edificada por Malquias, ajudado pelos ourives e pelos pescadores.

Aplicação à igreja. A porta da Guarda é indispensável em qualquer igreja local que se preze. A guarda fala dos encarregados da segurança de uma instituição militar, de um quartel, de um acampamento, de um exército. Depois que o homem pecou, nunca mais as pessoas dormiram tranquilas, sem adotar cuidados de segurança, às vezes, até exagerados. Os perigos rondam por toda a parte, a qualquer hora do dia ou da noite.

Nas igrejas, de igual modo, existe a necessidade de segurança continuamente. Os guardas da igreja local são os obreiros que lideram a obra do Senhor sob a direção do pastor, que é o líder do rebanho que o Senhor lhe confiou. Cada membro deve ter a consciência de que precisa zelar pela segurança da casa do Senhor, não apenas em termos humanos, mas, sobretudo, em termos espirituais. Diz Pedro: "Sede sóbrios, vigiai, porque o diabo, vosso adversário, anda em derredor, bramando como leão, buscando a quem possa tragar" (1 Pe 5.8).

O pastor é o atalaia da igreja local. Deus lhe confiou a segurança espiritual de seus servos. "Filho do homem, eu te dei por atalaia sobre a casa de Israel; e tu da minha boca ouvirás a palavra e os avisarás da minha parte." (Ez 3.17). É ensinando a palavra, ministrando a sã doutrina, que o obreiro propicia segurança à igreja. Mas se ele for negligente, e houver prejuízo ao rebanho, a cobrança de Deus será terrível.

"Mas, se, quando o atalaia vir que vem a espada, não tocar a trombeta, e não for avisado o povo; se a espada vier e levar uma vida dentre eles, este tal foi levado na sua iniquidade, mas o seu sangue demandarei da mão do atalaia. A ti, pois, ó filho do homem, te constituí por atalaia sobre a casa de Israel; tu, pois, ouvirás a palavra da minha boca e lha anunciarás da minha parte. Se eu disser ao ímpio: Ó ímpio, certamente morrerás; e tu não falares, para desviar o ímpio do seu caminho, morrerá esse ímpio na sua iniquidade, mas o seu sangue eu o demandarei da tua mão" (Ez 33.6-8).

A porta oriental (Ne 3.29). O nome indica que esta porta ficava bem ao lado oriental da cidade. Era a porta do oriente no Templo. Também se chamava a Porta do Rei, depois que os judeus voltaram do exílio (1 Cr 9.17). O profeta Ezequiel teve visões importantes com essa porta. Os querubins postaram-se junto a ela (Ez 10.19). Ele viu a glória de Deus entrar na casa do Senhor pela porta oriental (Ez 43.14). Ali, segundo a Bíblia, "o príncipe" entrará por ela, para oferecer holocaustos. Os judeus fecharam essa porta esperando que um dia o Messias entrará por ela (cf. Ez 46.12). Essa porta é tão importante que é também chamada de Porta Formosa, e ainda hoje, permanece fechada. Certamente, Jesus entrará por ela com a sua igreja para implantar o reino milenial com a sua capital em Jerusalém.

Quem a edificou. "Depois deles, reparou Zadoque, filho de Imer, defronte de sua casa, e, depois dele, reparou Semaías, filho de Secanias, guarda da Porta Oriental. Depois dele, reparou Hananias, filho de Selemias, e Hanum, filho de Zalafe, o sexto, outra porção; depois deles reparou Mesulão, filho de Berequias, defronte da sua câmara" (Ne 3.29,30). Aqui, o que nos chama a atenção é o fato de Mesulão ter construído "defronte de sua câmara", ou seja, em frente ao seu quarto de dormir.

Aplicação à igreja. Nas igrejas locais, a Porta Oriental deve ser a mais observada, a mais vista. Ela também é chamada de

"A Porta Formosa". Podemos dizer que essa porta, espiritualmente, é a Porta da Direção de Deus. O oriente ou o leste sempre foram o ponto cardeal, símbolo da direção divina. E não o Norte. O Éden foi construído da banda do oriente (Gn 2.8). O exército de Judá que dava direção ao deslocamento das tribos, no deserto, ficava no oriente (Nm 2.3). A glória do Senhor apareceu ao oriente (Ez 11.23; 43.4). As águas purificadoras saíam para o oriente (Ez 47.1). Os magos foram guiados a Jesus por uma estrela que viram no oriente (Mt 2.9). Zacarias, pai de João Batista, cantou, dizendo que "o oriente do alto nos visitou" (Lc 1.78).

Em toda a igreja, é indispensável, mais do que nunca, que haja a direção de Deus. Existe uma confusão espiritual e doutrinária tão grande que causa perplexidade até nos mais experientes seguidores de Cristo. Contudo, a Igreja do Senhor alcançará os seus objetivos e será coroada na vinda do Senhor e Salvador Jesus Cristo.

A análise sucinta a cerca da reparação ou da edificação, das portas do muro de Jerusalém, ao tempo de Neemias, leva-nos a meditar como é importante não só haver uma igreja local bem edificada espiritual e fisicamente, mas é indispensável que haja muros de proteção, que garantam a segurança espiritual e moral dos salvos em Jesus Cristo.

Reflexão

1. Quem edificou a Porta do Gado? Você entendeu a aplicação do seu significado para a igreja local?
2. Na igreja atual, que significa a Porta do Peixe?
3. Que significa hoje a Porta da Fonte?
4. Que significa a Porta dos Cavalos? Será que há essa porta em alguma igreja local?
5. Que simboliza hoje a Porta Oriental?

4

Como enfrentar a oposição à obra de Deus?

Porém nós oramos ao nosso Deus e pusemos uma guarda contra eles, de dia e de noite, por causa deles. (Ne 4.9)

A oposição aos homens de Deus é comum em qualquer igreja local. É preciso oração e sabedoria para enfrentá-la. Jamais haverá, na face da terra, um líder que faça a vontade de Deus sem despertar opositores ao seu ministério. Isso porque nem Jesus Cristo, o maior dos líderes, agradou a todos. Os "sambalates" da vida estão em todas as igrejas locais.

O homem de Deus pode realizar grandes obras. Pode esforçar-se pelo Reino de Deus e desgastar-se trabalhando pela Igreja do Senhor Jesus, mas sempre haverá o grupo de opositores sob a liderança de algum "Tobias" ou "Gesém" que procurará prejudicar sua liderança. Entretanto, como aconteceu com Neemias, Deus dá sabedoria, graça e unção, a fim de conduzir-se diante da igreja local e neutralizar a ação dos opositores.

Ninguém pode igualar-se ao nosso Senhor e Salvador Jesus Cristo no que diz respeito ao desenvolvimento de seu ministério, realizações, obras extraordinárias demonstradas em salvação, curas, libertação e até ressurreição de mortos. Tudo o que Ele fez foi admirável, sobrenatural e impactante à luz de todas as realizações conhecidas na face da terra. No entanto, a oposição contra Jesus foi de caráter terrível. Como se não bastasse a antipatia de alguns homens, havia também a oposição espiritual. Mas Ele soube enfrentá-las, consciente de sua missão.

No caso de Neemias, no período da restauração dos muros de Jerusalém, portou-se como verdadeiro líder. Um administrador digno de ser referência para os obreiros do Senhor em todos os tempos e lugares. Não se deixou vencer pelas críticas, mas suportou bravamente todos os embates dos seus opositores. Não foi levado pela tentação do poder ou da fama. Neemias trabalhou com ousadia, humildade, determinação e fé.

Os inimigos de Neemias parecem com as pessoas que jamais se juntam aos homens de Deus, mas são usados pelo maligno para inquietar, dificultar e desanimar os que estão à frente da obra do Senhor. Contudo, vamos refletir sobre o exemplo do líder da reedificação de Jerusalém, buscando inspiração para o nosso trabalho na igreja do Senhor.

Oposição Ferrenha

A ira dos adversários. "E sucedeu que, ouvindo Sambalate que edificávamos o muro, ardeu em ira, e se indignou muito..." (Ne 4.1). Como vimos no comentário anterior, Sambalate era o líder da oposição a Neemias. Tinha um cargo importante em Samaria. Os samaritanos, historicamente, sempre foram adversários dos judeus. A princípio, ele e seus comparsas usaram táticas intimidatórias para dissuadir os servos de Deus de continuarem a obra da reconstrução dos muros. Que estratégias eles usaram?

Insinuaram rebelião. Mesmo com todo o cuidado e a prudência de Neemias em manter o silêncio a respeito de seus planos, os inimigos tomaram conhecimento de que uma grande obra estaria para começar em defesa do remanescente de Israel que voltara do cativeiro babilônico. A oposição começou logo. "O que ouvindo Sambalate, o horonita, e Tobias, o servo amonita, e Gesém, o arábio, zombaram de nós, e desprezaram-nos, e disseram: Que é isso que fazeis? Quereis rebelar-vos contra o rei?" (Ne 2.19).

A questão levantada pelos opositores era muito grave. Estariam os judeus tentando rebelar-se contra o rei da Pérsia? Sem informar-se a respeito da autoridade concedida ao servo de Deus, o adversário levantou-se com força usando a insinuação caluniosa a fim de intimidar o líder e seus liderados. Naquele tempo, quando um povo dominado por uma nação ou um império se rebelava, o castigo era terrível. O dominador enviava seus exércitos e arrasava a cidade e destruía o seu povo, não deixando pedra sobre pedra. Os líderes da rebelião eram mortos, degolados, enforcados ou esquartejados publicamente.

A ira dos adversários era violenta. Sambalate vociferava contra os edificadores. "E falou na presença de seus irmãos e do exército de Samaria e disse: Que fazem estes fracos judeus? Permitir-se-lhes-á isso? Sacrificarão? Acabá-lo-ão num só dia? Vivificarão dos montões do pó as pedras que foram queimadas?" (Ne 4.2). Os inimigos ficaram felizes ao verem "os montões de pó e as pedras que foram queimadas". Na reverberação de Sambalate pode-se ter uma ideia rápida de como se encontravam as ruínas das muralhas de Jerusalém.

Qual a causa da ira dos inimigos de Israel? Muitas, sem dúvida. Mas a principal, certamente, era a inveja. Ficaram admirados como em tão pouco tempo os muros e as portas da cidade foram sendo restauradas! Os judeus eram um pequeno número, mas demonstraram uma união visível que chamou a atenção. Eles viram a competência e a capacidade administrativa de Neemias e seus companheiros, logo arderam em ira e inveja.

A resposta à insinuação caluniosa. Neemias não se intimidou. Tinha consciência de que não estava conspirando contra a autoridade de Artaxerxes. Muito pelo contrário, tinha em mãos cartas e credenciais para promover a reconstrução dos muros de sua cidade natal, a terra de seus pais. Soube responder de forma precisa à insinuação mentirosa. "O Deus dos céus é o que nos fará prosperar; e nós, seus servos, nos levantaremos e edificaremos..." (Ne 2.20).

Normalmente, nas igrejas, quando surgem calúnias contra a liderança ou contra algum membro, temos a tendência de apenas orar e deixar as coisas acontecerem. Mas em muitos casos é necessária uma resposta firme e enérgica. Confiar em Deus é indispensável;

orar é preciso, entretanto faz-se necessário confrontar o difamador a fim de que ele assuma a responsabilidade pela sua calúnia ou difamação.

Temos consciência de que nas igrejas locais as pessoas que cometem adultério, fornicam e roubam são disciplinadas, mas não é comum vermos a disciplina aos "Sambalates" quando caluniam prejudicando os líderes ou os membros da congregação. Serão dois pesos e duas medidas?

A Crítica dos Adversários

Além de expressar publicamente a sua indignação contra os edificadores dos muros de Jerusalém, os adversários usaram a arma da crítica e da zombaria contra eles, e, em especial, contra Neemias, a fim de provocar um clima de abatimento entre os que queriam trabalhar.

Sambalate "...escarneceu dos judeus" (Ne 4.1). Além de Sambalate, outro inimigo declarado expressou sua maldade. "E estava com ele Tobias, o amonita, e disse: Ainda que edifiquem, vindo uma raposa, derrubará facilmente o seu muro de pedra" (Ne 4.3). Há um provérbio antigo que diz: "Iguais com iguais facilmente se congregam". Tobias e Sambalate eram da mesma estirpe. Juntamente com Gesém, uniram-se para prejudicar o trabalho do homem de Deus e dos que queriam trabalhar ao seu lado.

O conteúdo das críticas. Sambalate ficou furioso com o sucesso dos edificadores. "E falou na presença de seus irmãos e do exército de Samaria e disse: Que fazem estes fracos judeus? Permitir-se-lhes-á isso? Sacrificarão? Acabá-lo-ão num só dia? Vivificarão dos montões do pó as pedras que foram queimadas?" (Ne 4.2).

1) Desprezo. "...que fazem esses fracos judeus?" Dava ideia de fraqueza entre os judeus. Os edificadores estavam por demais ocupados na obra, mas suas famílias circulavam pela cidade e ouviam as críticas dos adversários. Poderiam temer pelo êxito da construção. Isso ainda acontece hoje. Há pessoas que menosprezam o trabalho dos que se esforçam pela obra do Senhor. Contudo a Bíblia tem palavras de ânimo para os edificadores do Reino de Deus. Jesus disse a Paulo:

"A minha graça te basta, porque o meu poder se aperfeiçoa na fraqueza. De boa vontade, pois, me gloriarei nas minhas fraquezas, para que em mim habite o poder de Cristo" (2 Co 12.9). O profeta Joel teve a percepção correta diante da fraqueza: "Forjai espadas das vossas enxadas e lanças das vossas foices; diga o fraco: Eu sou forte" (Jl 3.10).

Quando o crente, obreiro ou leigo, se julga forte em si mesmo, em seu orgulho pessoal, não tem o poder e o apoio de Deus em sua vida e nos seus projetos. Muitos grandes ministérios, de fama nacional ou internacional, fracassaram por causa da "fortaleza" de seus líderes fundamentada no dinheiro e na fama (Tg 4.6).

No entanto, quando o servo ou a serva de Deus considera-se fraco em si mesmo, e confia em Deus, pode declarar: "Diga o fraco: eu sou forte". Outra extraordinária promessa para os que se consideram fracos ou são humilhados diante do inimigo é: "Mas esforçai-vos, e não desfaleçam as vossas mãos, porque a vossa obra tem uma recompensa" (2 Cr 15.7).

2) Escarnecimento. "Ainda que edifiquem, vindo uma raposa derrubará facilmente o seu muro de pedras..." Os adversários estavam perplexos. Dentro de poucos dias, os muros, que estavam literalmente no chão, já podiam ser vistos sendo erguidos com presteza. O que fazer para desanimar os edificadores? A ameaça não funcionou. A calúnia não atingiu o seu objetivo. Eles trabalharam arduamente na reconstrução. Sambalate e Tobias apelaram para a crítica e zombaria, tendo como objetivo desqualificar o trabalho de Neemias e de seus amigos.

O que mais os inimigos faziam era depreciar o trabalho dos edificadores, ainda que edificassem seu trabalho não teria valor. Qualquer intempérie derrubaria a obra na visão dos invejosos e inimigos. Certamente, os adversários se enganam quando avaliam o potencial de uma comunidade unida e determinada sob liderança de um homem usado por Deus cheio de poder e sua unção. Eles observavam as condições precárias do trabalho e a dificuldade em se obter material.

3) Oposição ao culto a Deus. "Permitir-se-lhes-á isso. Sacrificarão?..." (Ne 4.2). Os inimigos sabiam que quando o povo adora a Deus é vitorioso. Lembravam-se da antiga Jerusalém cheia de glória e poder nos áureos tempos em que o povo de Israel obedecia a Jeová e lhe rendia culto todos os dias. Tinham consciência de que por causa do pecado enfrentaram toda a tragédia que os levou ao cativeiro. Estavam revoltados com a reconstrução. Sabiam que se Jerusalém fosse reconstruída plenamente seus inimigos não prevaleceriam. O Templo já fora reconstruído, mas o culto estava prejudicado, pois os muros da cidade estavam arruinados. Não havia segurança suficiente para que se adorasse a Deus em paz.

Não é por acaso que hoje há uma tática sub-reptícia do Diabo contra o verdadeiro culto a Deus nas igrejas locais. Com astúcia e artimanhas, ele consegue incutir na mente de muitos pastores e líderes de igrejas para que deixem os muros de proteção abertos. Os muros do ensino estão arruinados em muitos lugares e a sã doutrina bíblica, devocional e ortodoxa é desprezada.

Em seu lugar, o que se ouve são mensagens vazias de unção e cheias de técnicas psicológicas de manipulação das mentes. Mensagens de autoajuda, de caráter humanista e triunfalista, do tipo: "você é vencedor..."; "você não pode ser pobre"; "crente não fica doente"; "dê tudo para a obra, e Deus lhe dará cem vezes mais"; "você não precisa orar, basta crer!" Frases e jargões como esses têm influenciado muita gente.

Em muitas igrejas não se veem mensagens contra o pecado e o mundanismo. Muitos muros estão arruinados, e o inimigo comemora o sucesso de suas estratégias, contudo Deus deseja ver a reconstrução não só dos muros, mas dos altares por onde deve começar a restauração espiritual. Antes dos muros, foi reconstruído o Templo em Jerusalém. Os líderes devem ser os primeiros a reconstruir seus ministérios quando estes estão prejudicados pela ação do Inimigo.

4) Crítica à união. Os edificadores, jovens e adultos, estavam todos bem unidos na obra da reconstrução. Sambalate percebeu que eles estavam unidos e disse: "... Acabá-lo-ão num só dia? Vivificarão dos montões do pó as pedras que foram queimadas?" (Ne 4.2). Ele estava atônito. A união dos edificadores era visível. O muro já estava pela metade (Ne 4.6) em pouco tempo.

Como enfrentar a oposição à obra de Deus?

A união é indispensável para o sucesso de qualquer ministério na igreja do Senhor. Sem união somos derrotados. Certo governante, visando estimular seus auxiliares a trabalhar, dizia: "Se unidos não somos fortes, desunidos não seremos nada". E isso é uma verdade, principalmente, quando se trata do trabalho na obra do Senhor. Nossos adversários, às vezes, são piores do que podemos imaginar. São os "Sambalates", os "Tobias" e os Geséns" que se levantam nas igrejas. São os "falsos irmãos" a que se referia Paulo (2 Co 11.26; Gl 2.4). Os adversários no plano religioso que perseguem os cristãos. Os políticos e governantes que elaboram leis para prejudicar o povo de Deus. Mas há inimigos piores. Diz o apóstolo: "No demais, irmãos meus, fortalecei-vos no Senhor e na força do seu poder. Revesti-vos de toda a armadura de Deus, para que possais estar firmes contra as astutas ciladas do diabo; porque não temos que lutar contra carne e sangue, mas, sim, contra os principados, contra as potestades, contra os príncipes das trevas deste século, contra as hostes espirituais da maldade, nos lugares celestiais. Portanto, tomai toda a armadura de Deus, para que possais resistir no dia mau e, havendo feito tudo, ficar firmes" (Ef 6.10-13).

Em nossos dias acontece a mesma coisa. Os adversários dos homens de Deus minimizam o seu valor, depreciam seu ministério com críticas muitas vezes ácidas e ferinas. Mas se o líder está no centro da vontade de Deus, pode orar como Davi, que possuía muitos inimigos e zombadores de sua missão: "Apressa-te, ó Deus, em me livrar; Senhor, apressa-te em ajudar-me. Fiquem envergonhados e confundidos os que procuram a minha alma; tornem atrás e confundam-se os que me desejam mal. Voltem as costas cobertos de vergonha os que dizem: Ah! Ah! Folguem e alegrem-se em ti todos os que te buscam; e aqueles que amam a tua salvação digam continuamente: Engrandecido seja Deus. Eu, porém, estou aflito e necessitado; apressa-te por mim, ó Deus; tu és o meu auxílio e o meu libertador; Senhor, não te detenhas!" (Sl 70).

A arma da crítica parece não ter grandes efeitos na vida de um líder competente, maduro e experiente, mas pode causar um estrago na área emocional daqueles que estão iniciando no ministério. Ou pode provocar reações agressivas em resposta à atitude depreciativa dos opositores. Nas igrejas, há pessoas que perdem a coragem quando são criticadas. Sabemos de casos de irmãos que deixaram a sua congregação e se desviaram ressentidos com as críticas injustas de certos opositores da obra. Isso é lamentável, pois na obra do Senhor não deve haver adversários, mas sim cooperadores do Senhor (1 Co 3.9).

Como Neemias Reagiu às Críticas

1) **Não se deixou abater em seu ânimo**. Neemias disse: "O Deus dos céus é o que nos fará prosperar" (Ne 2.20). Neemias encarou as críticas improcedentes como um estímulo à sua liderança. Se a crítica procede, e isso pode ocorrer, o líder deve considerar, refletir e, com humildade, reconhecer seus erros ou eventuais falhas, pois nenhum líder é perfeito. Só houve um que não falhou, que nosso Senhor Jesus Cristo.

2) **Não deu grande importância às críticas**. Disse em sua resposta "... e nós, seus servos, nos levantaremos e edificaremos" (Ne 2.20b), mas valorizou sua missão e a de seus liderados. Seu foco era a obra da restauração. Não se fixou nas críticas. Há obreiros que fracassam porque dão muita importância aos "Sambalates" que surgem nas igrejas. Esquecem-se de que existe um grande número de pessoas ao seu lado enviadas por Deus a fim de cooperarem com seu ministério.

3) **Apresentou a Deus os seus inimigos**. "Ouve, ó nosso Deus, que somos tão desprezados, e caia o seu opróbrio sobre a sua cabeça, e faze com que sejam um despojo, numa terra de cativeiro" (Ne 4.4). Ele orou a Deus de forma realista e sincera. Sabia que ele e seu povo eram "tão desprezados". O líder deve ter consciência de que seu trabalho não agrada a todos na igreja em que lidera. Ele e sua família podem ser alvo de desprezo, crítica e oposição. Satanás sutilmente levanta opositores contra o líder a fim de inquietá-lo ao fustigar a sua família.

   O alvo das críticas é a parte emocional do líder. Se conseguirem desestabilizá-lo emocionalmente, já terão grande parte de seus intentos alcançados Um obreiro não pode desempenhar bem o seu trabalho se estiver emocionalmente abalado. A solução é orar a Deus apresentando os inimigos do ministério. No contexto do Antigo Testamento, era legítimo desejar vingança aos inimigos. Neemias foi incisivo em sua oração contra os inimigos: "E não cubras a sua iniquidade, e não se risque diante de ti o seu pecado, pois que te irritaram defronte dos edificadores" (Ne 4.5). Além de desejar que sua vergonha caísse na cabeça dos opositores, pediu a Deus que não se esquecesse do seu pecado e de sua maldade.

No contexto do Novo Testamento, Jesus manda amar os inimigos, orar por eles e bendizê-los (Mt 5.44). Mas isso não quer dizer que essa atitude livre os inimigos da pesada mão de Deus. De modo algum. Amar os inimigos não significa ser condescendentes ou jamais concordar com eles. Significa amá-los como Deus ama o pecador e espera o seu arrependimento.

4) **Entrou em ação.** "Assim, edificamos o muro, e todo o muro se cerrou até sua metade; porque o coração do povo se inclinava a trabalhar" (Ne 4.6). Essa foi a resposta mais eficaz contra as críticas. Ação, trabalho, esforço e união na continuação da obra. O desejo maligno dos adversários era paralisar a reconstrução para que Jerusalém continuasse em ruínas. A eles não interessava o sucesso da obra do Senhor. Isso era óbvio.

   Enquanto os opositores criticavam os edificadores e menosprezavam o trabalho da reconstrução, Neemias incentivava os seus liderados a trabalhar mais e mais. E estes correspondiam ao incentivo do líder. Ele tinha a visão de um líder espiritual que confia no Senhor e nos seus colaboradores. Fez como Azarias, filho de Obede, num momento de crise, animando o povo de Deus: "Mas esforçai-vos, e não desfaleçam as vossas mãos, porque a vossa obra tem uma recompensa" (2 Cr 15.7).

A Guerra contra os Edificadores

Os inimigos se uniram. Se a calúnia não surtiu o efeito desejado, se a intimidação não fez os construtores pararem a reconstrução, se as críticas não atingiram seus objetivos mesquinhos, o que fazer? Os inimigos se uniram para declarar guerra contra Neemias e seus liderados. Diz o texto: "E sucedeu que, ouvindo Sambalate, e Tobias, e os arábios, e os amonitas, e os asdoditas que tanto ia crescendo a reparação dos muros de Jerusalém, que já as roturas se começavam a tapar, iraram-se sobremodo. E ligaram-se entre si todos, para virem atacar Jerusalém e para os desviarem do seu intento" (Ne 4.7,8).

Como os planos dos adversários iniciais não tiveram êxito contra os edificadores, convidaram outros para engrossar as fileiras contra o povo de Israel. Agora, as forças adversárias tinham a colaboração dos "arábios", dos "amonitas" e dos "asdoditas". Se alguém acha que hoje a perseguição ao povo de Deus diminuiu, está enganado. No século 20, foram mortos mais cristãos do que em todos os séculos anteriores, sobretudo, pelo ódio dos muçulmanos radicais em países islâmicos.

Hoje os inimigos se unem. Se alguém imagina que em nosso país a liberdade religiosa assegurada pela Constituição está garantida, é melhor orar mais e se precaver. No Congresso Nacional há projetos de lei satânicos com o objetivo claro de impedir a marcha da igreja no Brasil. O famoso Projeto de Lei da "Homofobia" tem como objetivo levar à cadeia os que se posicionarem contra o pecado do homossexualismo. Há projetos para a legalização do aborto e do casamento homossexual, leis que vão de encontro às leis de Deus.

Há leis com objetivos corretos, tais como as que visam preservar o meio-ambiente. Tramitam também leis que se voltam contra a construção de templos religiosos. As exigências para o funcionamento de um templo são tão grandes que a maioria das denominações não terá condições de construir sequer um pequeno santuário para a pregação do evangelho. Sendo assim, chegamos à conclusão de que tudo isso é a perseguição do Diabo usando os legisladores contra a Igreja do Senhor Jesus Cristo. Entretanto a Bíblia declara: "Ai dos que decretam leis injustas e dos escrivães que escrevem perversidades" (Is 10.1). E ainda existem muitos evangélicos que apoiam políticos que são inimigos da Palavra e do povo de Deus.

Em parte, os inimigos tiveram êxito. Deus não permite que os inimigos triunfem sobre seu povo. Jesus disse que "as portas do inferno" não prevalecerão (Mt 16.18). Mas os adversários podem ter certos êxitos por permissão de Deus. Os carregadores, os ajudantes das obras, já começavam a fraquejar. "Então, disse Judá: Já desfaleceram as forças dos acarretadores, e o pó é muito, e nós não poderemos edificar o muro" (Ne 4.10). Mas Neemias não se abateu, continuou com as suas estratégias espirituais e administrativas incentivando a obra.

Oração e vigilância. "Porém nós oramos ao nosso Deus e pusemos uma guarda contra eles, de dia e de noite, por causa deles" (Ne 4.9). Diante da ação insistente dos inimigos, Neemias foi firme e decidido, agiu de forma racional, embora se lembrando sempre de buscar ao Senhor.

1) **Oração.** A guerra estava declarada. Os inimigos eram poderosos e estavam unidos e determinados a impedir a reconstrução dos muros. O líder convocou o povo para orar a Deus. Neemias era um homem inteligente, dotado de grande capacidade de liderança. Contudo, não confiou apenas nos seus conhecimentos humanos e administrativos. Buscou a proteção de Deus através do maravilhoso recurso da oração. A oração foi o meio pelo qual Deus concedeu grandes livramentos ao seu povo.

   Nos tempos do rei Ezequias, o rei Senaqueribe, do Império Assírio, invadiu e tomou todas as cidades de Judá. Só faltava Jerusalém. Numa atitude humilde, buscando evitar o confronto armado contra o grande exército assírio, o rei de Jerusalém enviou ouro e prata visando obter a paz. Não adiantou. O inimigo foi arrogante. Zombou de Ezequias e de seus servos, e os humilhou com terrível provocação e desafiou o Deus de Israel (2 Rs 18). Mas o homem de Deus, o profeta Ezequias, ao tomar conhecimento da afronta a Deus, entrou no Templo e foi orar. Estendeu as cartas ameaçadoras perante o Senhor e orou (2 Rs 19.14).

   Na oração, Ezequias disse a Deus: "E orou Ezequias perante o Senhor e disse: Ó Senhor, Deus de Israel, que habitas entre os querubins, tu mesmo, só tu és Deus de todos os reinos da terra; tu fizeste os céus e a terra. Inclina, Senhor, o teu ouvido e ouve; abre, Senhor, os teus olhos e olha: e ouve as palavras de Senaqueribe, que ele enviou para afrontar o Deus vivo. Agora, pois, ó Senhor, nosso Deus, sê servido de nos livrar da sua mão; e, assim, saberão todos os reinos da terra que só tu és o Senhor Deus" (2 Rs 19.15-19). E Deus respondeu a oração do profeta, e enviou um só anjo, que destruiu o arraial dos assírios, matando 185 mil soldados, e deu vitória ao seu povo, sem lançar uma seta contra os adversários (2 Rs 19.35-37). A oração é uma arma com alto poder contras os inimigos.

2) **Vigilância.** "... e pusemos uma guarda contra eles, de dia e de noite, por causa deles" (Ne 4.9). Neemias orou a Deus, mas fez o que deveria fazer numa situação de crise ao ser perseguido pelos inimigos. Ele recrutou homens de confiança e os pôs como guardas junto aos trabalhadores. A guarda revezava-se de dia e de noite, como nos quartéis de hoje, visando manter a segurança das obras. Os inimigos poderiam atacar durante a noite.

Nos tempos atuais também é necessário que se tenha uma equipe de segurança na igreja. Em determinados lugares e situações, há igrejas que têm contrato com empresas de vigilância armada. Já foram registrados casos de assaltos nos horários de culto. Já houve casos de pastores terem sido sequestrados para que bandidos obtivessem resgate com recursos da igreja. Há quem critique esse tipo de providência, mas no tempo de Neemias, do rei Davi ou de Salomão, em plena teocracia, existiam guardas armados com espadas e com lanças. Deus guarda, sem dúvida, contudo é necessário que haja vigilância em torno dos bens da Casa do Senhor.

As famílias armadas. "Pelo que pus guardas nos lugares baixos por detrás do muro e nos altos; e pus o povo, pelas suas famílias, com as suas espadas, com as suas lanças e com os seus arcos" (Ne 4.13). As famílias foram convocadas para participar da reconstrução dos muros. Além dos que trabalhavam diretamente na obra, as famílias foram armadas "com as suas espadas, com as suas lanças e com os seus arcos" para enfrentar possíveis ataques dos adversários.

Certamente, de dia e de noite havia pessoas armadas em vigilância diante de cada casa, a fim de que não fossem apanhadas de surpresa pelos inimigos. Aqui, temos uma lição de caráter espiritual a ser extraída. Não adianta a igreja estar preparada contra os inimigos, mas as famílias em seus lares darem brechas e oportunidades para que os inimigos as ataquem. Aliás, na maioria das vezes são as famílias que não vigiam a vida espiritual. Pais que não cuidam da vida espiritual dos filhos, filhos que não obedecem a seus pais e que se deixam dominar pelos meios escusos do Diabo através das inovações tecnológicas, como a televisão e a internet.

Trabalhadores Armados

A situação era tão crítica e as ameaças eram tão constantes que Neemias teve que usar uma estratégia inusitada para enfrentar a situação. "E sucedeu que, desde aquele dia, metade dos meus moços trabalhava na obra, e a outra metade deles tinha as lanças, os escudos, os arcos e as couraças; e os chefes estavam por detrás de toda a casa de Judá" (Ne 4.16).

Se a oração era constante, a vigilância armada não era descuidada em um só momento. Metade dos que ajudavam Neemias trabalhava na construção, enquanto a outra metade cuidava das armas para qualquer eventualidade. A liderança dava o exemplo: "... os chefes estavam por detrás de toda a casa de Judá". Os líderes não ficavam descansados, enquanto os homens trabalhavam.

E o líder da restauração também não se afastava da obra. Tinha o corneteiro ao seu lado durante todo o tempo (Ne 4.18). E deu orientações aos magistrados para que, quando ouvissem a trombeta tocar, procurassem se reunir no local da chamada (Ne 4.19). A ameaça era tão acirrada que sequer podiam ir beber água sem levar suas armas (Ne 4.23). Mas Neemias, em sua convocação para a vigilância, deu o brado de fé: "O nosso Deus pelejará por nós!" (Ne 4.20 b).

Hoje, há muitos trabalhando na obra de Deus desarmados, por isso pagam um alto preço pela sua falta de vigilância. Obreiros que não vigiam seu ministério de dia e de noite são atacados quando menos esperam, e são derrotados pelo inimigo. Uns são derrotados pelo orgulho e pelo desejo de poder (Pv 16.18); outros são derrotados pela cobiça e pela avareza (1 Tm 6.10); e outros têm fracassado na área do sexo, no relacionamento com o sexo oposto (1 Rs 11.4).

A obra do Senhor não é feita em clima de tranquilidade. Em todos os lugares, de uma forma ou de outra, há oposições. E elas podem surgir no seio da própria igreja local. Podem advir do âmbito externo, os ímpios podem se levantar a partir de movimentos religiosos, seitas e leis, como ocorre em muitos países, e até mesmo no

Brasil. A experiência de Neemias, ao construir em tempos de crise, tem grandes lições para os obreiros e líderes nos dias atuais. Que o Senhor nos dê graça e sabedoria para administrarmos os conflitos que envolvem a obra do Senhor.

Reflexão

1. O que aconteceu a Sambalate quando ouviu que o muro estava sendo edificado? Você conhece alguém com esse tipo de sentimento?
2. Que insinuaram os inimigos contra Neemias?
3. Como os inimigos escarneceram dos edificadores?
4. Que brado deu Neemias quando incentivou a vigilância da obra?

5

NÃO SE DEIXANDO ENGANAR PELOS INIMIGOS

E enviei-lhes mensageiros a dizer: Estou fazendo uma grande obra, de modo que não poderei descer; por que cessaria esta obra, enquanto eu a deixasse e fosse ter convosco? (Ne 6.3)

Construir é difícil, reconstruir também é muito árduo, e mais difícil ainda é realizar uma obra de grande porte quando os edificadores estão cercados de inimigos infiltrados nas fileiras dos que querem trabalhar. A reconstrução dos muros de Jerusalém, sob a liderança de Neemias, traz-nos preciosas lições sobre o valor, a natureza e a conduta correta de um líder que sabe administrar em tempos de crises. Que os líderes e os liderados compreendam o valor da liderança concedida por Deus. É indispensável que os líderes busquem o dom de discernir os espíritos, a fim de que não sejam enganados pelos inimigos.

Os piores inimigos não são os que estão fora da igreja, mas os que surgem e se desenvolvem dentro da própria comunidade cristã. Há pessoas que se infiltram consciente ou inconscientemente no meio do povo de Deus com o propósito de prejudicar a obra do Senhor Jesus.

Em uma das congregações sob nossos cuidados pastorais, foi detectado o caso de um homem espírita que comparecia às reuniões.

Parecia interessado nas mensagens, nos louvores e nos eventos da igreja. Mas Deus revelou a uma serva de Deus que ele estava ali invocando demônios na hora dos trabalhos e torcendo para que a igreja não progredisse. Quando foi confrontado e convidado a aceitar a Jesus como salvador, e ao perceber que fora descoberto, para a glória de Deus, aquele inimigo se retirou.

Esse é apenas um exemplo, mas há pessoas que, a exemplo do "joio", sempre causam problemas aos líderes e à igreja do Senhor Jesus. Assim como os inimigos no tempo de Neemias, procuram seduzir o líder com falsos acordos. Querem que a liderança aja conforme seus interesses escusos. Mas com a graça e a direção de Deus, os homens que estão à frente da obra podem discernir e evitar a ação desses falsos amigos com a direção do Espírito Santo.

A Falsidade dos Adversários

Os muros foram levantados. Nos capítulos anteriores, vimos que a reconstrução dos muros foi levada adiante em meio a oposições sistemáticas e sem trégua. Mas graças à boa mão de Deus sobre Neemias e seus liderados, a obra chegou ao final gerando grande alegria nos edificadores, no povo de Judá e nos habitantes de Jerusalém. Terminada a reconstrução, o santuário fora levantado e o culto restaurado, incluindo a celebração da Páscoa no tempo de Esdras (Ed 6.13-22).

Só faltava a conclusão e inauguração dos muros, pois as portas ainda não tinham sido postas nos portais. Disse Neemias: "...eu tinha edificado o muro e que nele já não havia brecha alguma, ainda que até este tempo não tinha posto as portas nos portais" (Ne 6.1). Quando os inimigos contemplaram a grandeza da obra e viram o sucesso da liderança de Neemias, e que a união do povo de Deus resultou em vitória na conclusão da obra, eles não desistiram. Reuniram-se, conluiaram-se e se articularam para continuar suas investidas contra Jerusalém.

A proposta com um falso acordo. "Sucedeu mais que, ouvindo Sambalate, Tobias, Gesém, o arábio, e o resto dos nossos inimigos que eu tinha edificado o muro e que nele já não havia brecha alguma, ainda que até este tempo não tinha posto as portas nos portais, Sambalate e Gesém enviaram a dizer: Vem, e congreguemo-nos juntamente nas aldeias, no vale de Ono. Porém intentavam fazer-me mal" (Ne 6.1,2).

Essa tática é muito antiga. Quando um inimigo não consegue vencer um exército, por vezes, procura "unir-se a ele". Mas tais acordos, no meio do povo de Deus, não resultam em boa coisa. Os inimigos dos judeus, tendo à frente Neemias, propuseram um "acordo" para se congregarem "juntamente". Se Neemias não fosse um homem de Deus guiado pelo Espírito Santo, não teria discernido a falsidade dos inimigos. Talvez aceitasse a falsa proposta de união e cairia numa armadilha fatal para seu povo.

Essa mesma tática dos inimigos foi usada no tempo de Esdras. O texto bíblico relata: "Ouvindo, pois, os adversários de Judá e Benjamim que os que tornaram do cativeiro edificavam o templo ao Senhor, Deus de Israel, chegaram-se a Zorobabel e aos chefes dos pais e disseram-lhes: Deixai-nos edificar convosco, porque, como vós, buscaremos a vosso Deus; como também já lhe sacrificamos desde os dias de Esar-Hadom, rei da Assíria, que nos mandou vir para aqui" (Ed 4.1,2 – grifo nosso).

Os inimigos do povo de Deus são astuciosos. Eles usam de ardis e sutilezas com argumentos aparentemente sérios. "Deixai-nos edificar convosco, porque, como vós, buscaremos o vosso Deus...". A resposta dos líderes, no entanto, foi sábia e firme aos inimigos da obra: "Porém Zorobabel, e Jesua, e os outros chefes dos pais de Israel lhes disseram: Não convém que vós e nós edifiquemos casa a nosso Deus; mas nós, sós, a edificaremos ao Senhor, Deus de Israel, como nos ordenou o rei Ciro, rei da Pérsia" (Ed 4.3).

A resposta sábia e firme de Neemias, o líder da reconstrução dos muros, não se deixou levar pela aparente proposta de união por parte dos inimigos. Dificilmente, na obra de Deus, adversários tornam-se amigos É possível, mas são poucas experiências de conversão de opositores. Só se houver uma ação divina em suas vidas. Neemias com sabedoria e firmeza respondeu a Sambalate e a Gesém: "E enviei-lhes mensageiros a dizer: Estou fazendo uma grande obra, de modo que não poderei descer; por que cessaria esta obra, enquanto eu a deixasse e fosse ter convosco? E da mesma maneira enviaram a mim quatro vezes; e da mesma maneira lhes respondi." (Ne 6.3,4). Três lições podemos extrair da resposta de Neemias:

1) *Ele não perdeu o foco de sua missão.* "Estou fazendo uma grande obra...". O líder não pode chegar a bom termo, a ter sucesso em seu trabalho se for levado pelas várias sugestões que lhe chegam, principalmente se elas partirem de opositores. É preciso ter muito cuidado para não se deixar enganar. A visão da obra de Deus, o foco na missão e a determinação em alcançá-la, é fundamental para não se prejudicar ante possíveis propostas. A obra de Deus não pode ser comparada a uma obra qualquer da vida secular. A obra de Deus é grande, em todos os sentidos! Certo missionário foi convidado pelo governo de seu país para ser embaixador, então ele respondeu: "Não posso aceitar. Não poderia rebaixar-me, deixando de ser embaixador dos céus".

2) *Não desceu ao nível dos adversários.* "... de modo que não poderei descer". Ir ao vale de Ono significa descer. Jerusalém estava edificada sobre um monte. Neemias se encontrava em posição mais elevada não só geograficamente, mas acima de tudo, espiritualmente. Fazer acordo com inimigos da obra é descer ao nível deles. Só tem a perder quem faz acordo com inimigos espirituais. É louvável quando há reconciliação entre irmãos que se mostram verdadeiramente arrependidos de seus maus atos. Mas fazer acordo com os adversários do povo de Deus é tornar-se inimigo de Deus. "Adúlteros e adúlteras, não sabeis vós que a amizade do mundo é inimizade contra Deus? Portanto, qualquer que quiser ser amigo do mundo constitui-se inimigo de Deus" (Tg 4.4 – grifo nosso).

   Em nossas igrejas há muitos crentes que já desceram "ao vale de Ono", fizeram acordo com o mundo, com a carne e até com o Diabo. O liberalismo tem levado muitas igrejas ao fracasso espiritual. Há pastores que já capitularam e desceram "ao vale de Ono". Induziram a igreja local a comungar com o inimigo. Isso é lastimável, mas é real. O que devemos fazer diante dos falsos acordos é agir como Neemias: "Não podemos descer!"

3) *Não quis perder tempo*. "...por que cessaria esta obra, enquanto eu a deixasse e fosse ter convosco?" Os inimigos não se conformaram com a reposta de Neemias. Tentaram vencer sua resistência à exaustão. "E da mesma maneira enviaram a mim quatro vezes; e da mesma maneira lhes respondi." Existem denominações evangélicas que não suportaram a pressão dos inimigos de Deus. Numa atitude de covardia e de pusilanimidade, algumas igrejas históricas se aliaram aos que apoiam o casamento homossexual, que é abominação para Deus (Lv 18.22; 20.13). Igrejas que até consagram ou ordenam pessoas homossexuais.

Pelo fato de não perdido o foco da sua missão, Neemias pôde responder com firmeza às insinuações dos inimigos. Os obreiros precisam ter seus momentos de descanso para não se desgastarem demais mental e fisicamente. Mas não podem perder tempo dando ouvido e se reunindo com os adversários de Deus, que são todos aqueles que não querem submeter-se à Palavra de Deus, à sã doutrina e aos mandamentos do Senhor, preferindo agradar ao mundo. Não desçamos "ao vale de Ono!"

Infelizmente, há exemplos na Bíblia de homens de Deus que fizeram uma obra tão especial com a provação de Deus, mas não perceberam a astúcia dos inimigos. Foi o que ocorreu com o rei Ezequias. Depois de ser tão bem-sucedido em sua administração, não percebeu que certos visitantes que o lisonjeavam, na verdade, eram espiões que vinham observar os pontos fortes e fracos de Israel. "Naquele tempo, enviou Merodaque-Baladã, filho de Baladã, rei da Babilônia, cartas e um presente a Ezequias, porque tinha ouvido dizer que havia estado doente e que já tinha convalescido. E Ezequias se alegrou com eles e lhes mostrou a casa do seu tesouro, e a prata, e o ouro, e as especiarias, e os melhores unguentos, e toda a sua casa de armas, e tudo quanto se achava nos seus tesouros; coisa nenhuma houve, nem em sua casa, nem em todo o seu domínio, que Ezequias lhes não mostrasse" (Is 39.1,2).

Os babilônios, os mesmos que levaram Judá para o cativeiro, tiveram êxito contra um grande homem de Deus. Deus mandou que o profeta Isaías dissesse a Ezequias que sua imprudência iria custar muito caro a si e ao seu povo. "Então, disse Isaías a Ezequias: Ouve a palavra do Senhor dos Exércitos: Eis que virão dias em que tudo quanto houver em tua casa, com o que entesouraram teus pais até ao dia de hoje, será levado para a Babilônia; não ficará coisa alguma, disse o Senhor" (Is 39.5,6). E o cativeiro aconteceu. Por isso, é indispensável que os líderes busquem de Deus o dom de discernimento de espíritos, para não serem enganados com falsas propostas ou elogios dos inimigos.

É lamentável, nos dias atuais, vermos homens de Deus e até líderes de grandes igrejas locais fazendo acordos políticos com inimigos do Reino de Deus. Nas últimas eleições, vimos obreiros aliando-se a políticos que defendem propostas iníquas. Houve líderes que fizeram acordo com quem aprova o aborto e destrói vidas inocentes no recôndito sagrado do ventre materno. Além disso, deram as mãos a candidatos que aprovam a chamada "união civil de pessoas do mesmo sexo", o que é considerado abominação aos olhos de Deus. Em troca de quê? Em troca de cargos, posições e vantagens pessoais. Infelizmente, tais líderes não seguiram os exemplos de liderança registrados na Bíblia, como o exemplo de Neemias, que não quis descer "ao Vale de Ono".

Os Inimigos Mostram a Cara

A última cartada de Sambalate. Quando o líder dos inimigos conscientizou-se de que Neemias não era vacilante, e de que dera respostas firmes contra suas artimanhas, na quinta vez ele mostrou suas verdadeiras intenções. "Então, Sambalate, da mesma maneira, pela quinta vez, me enviou o seu moço com uma carta aberta na sua mão, e na qual estava escrito: Entre as gentes se ouviu e Gesém diz que tu e os judeus intentais revoltar-vos, pelo que edificais o muro; e que tu te farás rei deles segundo estas palavras; e que puseste profetas para pregarem de ti em Jerusalém, dizendo: Este é rei em Judá. Ora, o rei o ouvirá, segundo estas palavras; vem, pois, agora, e consultemos juntamente" (Ne 6.5-7).

Primeiro, Sambalate e seus liderados propuseram a Neemias que se congregassem juntamente no "vale de Ono" (Ne 6.2). O líder de Judá não aceitou por estar "fazendo uma grande obra. Depois, fez outra proposta: "Vem, pois, agora, e consultemos juntamente". Na primeira tentativa, o inimigo queria realizar uma "conferência de paz"; na segunda, propôs uma reunião de avaliação, de consulta mútua. Era a última cartada de Sambalate. Mas, felizmente, Neemias estava prevenido. Respondeu à altura ao falso proponente, rechaçando todas as suas investidas (Ne 6.8).

A arma do medo. Como Neemias não queria acordo com os inimigos, apelaram para a intimidação usando a arma do medo. "Porque todos eles nos procuravam atemorizar, dizendo: "As suas mãos largarão a obra, e não se efetuará..." (Ne 6.9 a). Na carta de Sambalate havia a insinuação caluniosa de que Neemias queria revoltar-se contra o rei da Pérsia para se tornar "rei em Judá" (Ne 6.7). Por beneplácito do rei Artaxerxes, Neemias já era o governador de Judá, e não tinha ambições de tornar-se rei. Mas os adversários pressionavam emocionalmente para desestabilizá-lo, levando-o ao desânimo e à paralisação da obra.

Mais ameaças ao líder. Não era fácil administrar a situação crítica em que Neemias se encontrava. A responsabilidade da obra; as providências administrativas; o acompanhamento diuturno dos trabalhos; a avaliação do desempenho dos supervisores e dos operários, tudo isso era uma tarefa gigante para o homem de Deus. Mas Neemias não estava ali por acaso, ou por decisão pessoal, simplesmente. Ele fora tocado por Deus.

As ameaças continuavam. "E, entrando eu em casa de Semaías, filho de Delaías, o filho de Meetabel (que estava encerrado), disse ele: Vamos juntamente à Casa de Deus, ao meio do templo, e fechemos as portas do templo; porque virão matar-te; sim, de noite virão matar-te. Porém eu disse: Um homem, como eu, fugiria? E quem há, como eu, que entre no templo e viva? De maneira nenhuma entrarei" (Ne 6.10,11). Semaías parecia amigo, mas por trás dele havia um plano de intimidação.

Neemias, mais uma vez, com a firmeza de sempre, orou a Deus: "Agora, pois, ó Deus, esforça as minhas mãos" (Ne 6.9b). O líder cristão no momento da perseguição não deve exasperar-se, pois é exatamente isso que os adversários querem. Muitos dizem: "Ele não aguentará a pressão. Vamos apertá-lo, vamos pressioná-lo...". Diante das calúnias e críticas injustas, o líder deve orar a Deus. Muitos têm sido derrotados porque em vez de orar colocam-se no mesmo nível dos inimigos, descendo ao "vale do Ono". É melhor descer ao vale da oração onde o líder encontra força, sabedoria e poder para enfrentar as adversidades.

Suborno e Falsa Profecia

Profetas a serviço dos inimigos. No tempo de Neemias, os profetas eram respeitados. Eram considerados pessoas de bem, honestas, e que transmitiam ao povo mensagens da parte de Deus. Contudo, aproveitando-se dessa imagem que se fazia deles, alguns se locupletaram dos seus dons e aceitaram suborno dos adversários. Os piores inimigos não são os de fora, e, sim, os que estão no meio do povo de Deus e são aliados dos adversários. São traidores da obras do Senhor. Eles têm o "espírito de Judas". Vendem-se por dinheiro. Trocam a dignidade por ofertas materiais. São verdadeiros "quintas-colunas" infiltrados nos arraiais do Senhor. Sambalate e Tobias conseguiram subornar alguns profetas e até uma "profetisa Noadia", que se venderam aos adversários para profetizarem falsamente, a fim de intimidarem Neemias.

"E conheci que eis que não era Deus quem o enviara; mas essa profecia falou contra mim, porquanto Tobias e Sambalate o subornaram. Para isso o subornaram, para me atemorizar, e para que eu assim fizesse e pecasse, para que tivessem alguma causa a fim de me infamarem e assim me vituperarem. Lembra-te, meu Deus, de Tobias e de Sambalate, conforme estas suas obras, e também da profetisa Noadia e dos mais profetas que procuraram atemorizar-me" (Ne 6.12-14).

Nobres ao lado dos adversários. Não foi fácil para Neemias motivar os edificadores do muro. No meio do povo havia gente influente, que em vez de ajudar o homem de Deus, apoiava os inimigos. "Também, naqueles dias, alguns nobres de Judá escreveram muitas cartas, que iam para Tobias, e as cartas de Tobias vinham para eles" (Ne 6.17). Imagine-se que situação vergonhosa. Homens judeus que conheciam a história de seu povo, o sofrimento, o cativeiro, e de como Deus abrira as portas para a libertação, movidos por interesses pessoais ou políticos, preferiram ficar ao lado da oposição em vez de ao lado dos líderes da reconstrução. Eles trocavam cartas com Tobias, certamente, informando o adversário sobre o andamento da obra. Que vergonha!

Os falsos profetas de hoje. Nos dias presentes, há muitos casos de profetas falsos, no meio das igrejas. São pessoas, que, em momentos de suas vidas, receberam o dom de profecia, e, depois, com soberba e autossuficiência, querem exibir-se, proferindo profecias carnais. Isso é perigoso. Pode confundir os verdadeiros crentes e banalizar o uso dos dons espirituais. Sabemos de casos em que certas "profetisas" amedrontam pastores, com ameaças infundadas, visando a certos interesses de pessoas ou de grupos. São do tipo de Simão, o mágico, que quis comprar o dom do Espírito Santo com dinheiro (At 8.18). Mas foi para sua maldição (At 8.20). É pecado gravíssimo manipular pessoas, ou chantageá-las, usando os dons de Deus.

A Conclusão Total da Obra

Os muros foram reconstruídos. A obra da reconstrução dos muros de Jerusalém foi um dos maiores desafios enfrentados pelos líderes do pós-cativeiro. Esdras enfrentou a reconstrução do Templo, que por sinal, não foi fácil. A obra foi paralisada algum tempo por causa dos inimigos (Ed 4.21-24). Depois, a construção foi autorizada e o Templo concluído (Ed 6.16). Mas os muros da cidade estavam em ruínas. Coube a Neemias a grande missão de reconstruí-los.

Os muros prontos em cinquenta e dois dias. "Acabou-se, pois, o muro aos vinte e cinco de elul, em cinquenta e dois dias" (Ne 6.15). Foi um grande feito para a construção civil daquele tempo. Sem equipamentos de engenharia e de construção potentes, os edificadores empreenderam muito esforço e dedicação para ver a conclusão da obra. Além disso, todo o trabalho, em menos de dois meses, foi realizado sob a pressão e ameaça dos inimigos que atuavam não só externamente, mas no meio dos próprios habitantes de Jerusalém.

Quando há união em torno de projetos que dizem respeito ao Reino de Deus qualquer iniciativa prospera. A união provoca o que os administradores chamam de "sinergia, aquilo que ocorre quando as partes de um sistema trabalham de modo integrado, sem dispersão de energias".

Os inimigos temeram. Foi um feito notável. Aos olhos dos inimigos pareceu algo assustador. Se aquele povo tinha tanta união e a bênção do seu Deus, poderia fazer tudo o que desejasse. "E sucedeu que, ouvindo-o todos os nossos inimigos, temeram todos os gentios que havia em roda de nós e abateram-se muito em seus próprios olhos; porque reconheceram que o nosso Deus fizera esta obra" (Ne 6.16). A admiração, o espanto e o tremor dos inimigos se deram pelo fato de reconhecerem que somente com a mão de Deus fora possível alcançar um resultado tão extraordinário.

Quando o povo de Deus se une em torno dos elevados interesses do Reino de Deus, qualquer empreendimento é bem-sucedido. Quando o Salmo 133 torna-se realidade na vida do ministério e da igreja local, a obra do Senhor é fortalecida. Caso haja brechas, são fechadas, e o nome do Senhor é glorificado.

Reflexão

1. Qual a falsa proposta dos inimigos a Neemias? É preciso avaliar as propostas que parecem boas para a Igreja do Senhor?
2. Qual a resposta de Neemias à proposta dos inimigos? Que lições podemos extrair de sua determinação?
3. Qual a última cartada de Sambalate? Compare Sambalate com Satanás e veja que tipo de atitudes ele pode usar para iludir os servos de Deus.
4. Em quanto tempo os muros foram concluídos? Em sua opinião, a que se deveu o sucesso dos que trabalharam na obra da reconstrução?

6

O avivamento que vem pelo ensino

Então, todo o povo se foi a comer, e a beber, e a enviar porções, e a fazer grandes festas, porque entenderam as palavras que lhes fizeram saber. (Ne 8.12)

Só o ensino genuíno da Palavra de Deus produz verdadeiro avivamento no meio da igreja local. Nos nossos dias, há uma onda de movimentos evangelísticos produzidos por ação humana com o objetivo de atrair multidões ávidas por novidades e modismos. Tais movimentos carecem da base fundamental e consistente, que é o ensino da Palavra de Deus.

Todos os verdadeiros avivamentos na história do povo de Israel e no seio da Igreja, ao longo dos séculos, só tiveram resultados duradouros quando começaram e prosseguiram alicerçados na Palavra de Deus. Avivamentos sem a Palavra de Deus são apenas movimentos que passam com o tempo e não geram mudanças significativas na vida e no comportamento das pessoas envolvidas. O avivamento, no tempo de Neemias, teve a marca do ensino da Palavra de Deus.

Neemias, o líder da reconstrução, e Esdras, o sacerdote, eram homens que se dedicavam ao estudo da Palavra do Senhor. Ao reunirem o povo na praça principal da cidade, sem meios de transmissão da mensagem, deve ter sido uma tarefa extraordinária e difícil, mas eles o fizeram. Repassaram para o povo o conteúdo da lei do Senhor para a vida dos habitantes de Jerusalém. Eles não tinham preocupação com a oratória, nem com a retórica nem com a eloquência do discurso.

Simplesmente leram a palavra de modo didático, pausadamente, para que o povo entendesse o que Deus requeria dos que o serviam naquele momento crucial para a história de Israel após anos e anos de cativeiro em terra estranha. Diz o texto: "E leu nela, diante da praça, que está diante da Porta das Águas, desde a alva até ao meio-dia, perante homens, e mulheres, e entendidos; e os ouvidos de todo o povo estavam atentos ao livro da Lei. (Ne 8.3). Além da leitura, havia a explicação do significado de cada expressão. O povo entendeu, e como resultado, sobreveio poderoso avivamento no meio deles. Houve um quebrantamento verdadeiro, e não um simples remorso. Houve alegria, festa, e o povo se dispôs a trabalhar na reconstrução.

Um Verdadeiro Culto de Doutrina

Reunidos para ouvir a palavra. Diante do que Deus fizera através do esforço denodado dos israelitas, sob a liderança de Neemias, na edificação dos muros em redor do Templo, o povo sentiu necessidade de ter sua edificação espiritual também. Como foi dito anteriormente, não adiantaria um templo lindo com admirável beleza arquitetônica se o povo não tivesse o temor de Deus, um quebrantamento para adorar ao Senhor. Templo sem a presença de Deus é corpo sem alma, sem espírito.

O texto bíblico nos revela que houve uma fome e uma sede de ouvir a Palavra de Deus. "E chegado o sétimo mês, e estando os filhos de Israel nas suas cidades, todo o povo se ajuntou como um só homem, na praça, diante da Porta das Águas; e disseram a Esdras, o escriba, que trouxesse o livro da Lei de Moisés, que o Senhor tinha ordenado a Israel" (Ne 8.l). Ali, na praça principal, "diante da Porta das Águas", iniciou-se um poderoso avivamento na história de Jerusalém.

O Templo construído, os muros restaurados. Os arautos tocavam suas trombetas convocando os habitantes de Jerusalém e cidades vizinhas para um grande evento no centro da cidade. Certamente a praça estava arborizada. Havia um cenário apropriado para a grande reunião festiva em que todo o povo se deslocou dos lugares onde habitavam para chegar ao centro de Jerusalém.

Não era para assistir a um show de grupos musicais nem ouvir um artista da época, mas o ajuntamento impressionante acontecera para que o povo ouvisse a Palavra de Deus. Se fosse hoje, aquele grande evento teria a cobertura de alguns órgãos da imprensa. "...o povo se ajuntou como um só homem." Isso nos fala não só de reunião, mas de união e integração do povo de Israel, a fim de ouvir a Palavra de Deus.

Hoje, em algumas igrejas, há pouca participação dos membros nos cultos de ensino da Palavra de Deus. Reuniões de estudo da palavra são desprezadas por grande parte dos crentes, sobretudo dos mais jovens. No entanto, quando se anuncia a presença de um cantor famoso faltam lugares para os espectadores. Isso é sintoma de fastio da Palavra. É sintoma de doença espiritual de extrema gravidade. O crente que ama a Deus ama a sua Palavra. Disse o salmista: "Oh! Quanto amo a tua lei! É a minha meditação em todo o dia!" (Sl 119.97).

Esdras traz o livro da lei de Deus. O povo, sofrido, após anos de cativeiro, tinha sede de ouvir a Palavra de Deus (Am 8.11). Esdras, o escriba, levou o livro para a praça. Na verdade, era um grande rolo, provavelmente de pergaminho, que seria desenrolado pouco a pouco, à proporção que o sacerdote fizesse a leitura dos textos da lei (Ne 8.2). Não foi feita uma leitura rápida do livro. Esdras o leu, pausadamente, para que todo o povo entendesse bem o ensino que seria ministrado. Durante cerca de seis horas, das seis da manhã até ao meio-dia, foi feita a leitura do livro da lei.

O povo estava atento à leitura da palavra. "E leu nela, diante da praça, que está diante da Porta das Águas, desde a alva até ao meio-dia, perante homens, e mulheres, e entendidos; e os ouvidos de todo o povo estavam atentos ao livro da Lei. (Ne 8.3). Podemos imaginar o que estava acontecendo, enquanto Esdras lia o livro da lei. Homens, mulheres, adultos e jovens, todos voltados em direção ao púlpito, ouvindo com muita atenção cada palavra que era lida perante todos.

O sacerdote-escriba estava de pé, sobre um púlpito de madeira, para melhor se fazer ouvir pelo povo. A seu lado, à direita, estavam homens de confiança, líderes auxiliares, que compunham "o ministério local" (Ne 8.4). Vale a pena lembrar que a leitura e explicação dos textos do livro duraram sete dias, durante seis horas por dia (Ne 8.3,18).

O clima era de reverência, de respeito e atenção à Palavra de Deus. As pessoas não ficavam andando de um lado para o outro, nem conversando distraídas. Todos queriam ouvir e entender a mensagem de Esdras. Quando Esdras abriu o livro, todo o povo se pôs em pé em reverência à leitura da Palavra de Deus (Ne 8.5). Certamente esse é um fundamento bíblico para o saudável hábito de se colocar de pé quando é lida Palavra de Deus. Esse deve ser o comportamento dos crentes em Jesus nas igrejas locais. Alguém pode escutar, mas não ouvir a leitura da Palavra e sua explicação por estar desatento durante a ministração.

O Povo Adorou a Deus

Um culto avivado. Culto de doutrina sem adoração não atende aos requisitos do verdadeiro culto a Deus. Cultuar significa adorar. Por ocasião da leitura do livro da Lei, o escriba louvou a Deus e foi correspondido pelo povo que o acompanhou na adoração a Deus com júbilo e louvor, cantando e se expressando com decência e ordem (1 Co 14.40).

Diz o texto: "E Esdras louvou o Senhor, o grande Deus; e todo o povo respondeu: Amém! Amém! —, levantando as mãos; e inclinaram-se e adoraram o Senhor, com o rosto em terra" (Ne 8.6). À proporção que a palavra era ministrada, o povo se enchia de júbilo e de satisfação. Vendo a alegria da multidão, ali, em pé, em plena praça, atenta, dando ouvido à ministração da Palavra de Deus, Esdras louvou ao Senhor. E o fez com brados de "Amém!", "Amém!", enquanto levantavam as mãos para o alto.

Sem dúvida, dá para imaginar um espetáculo de rara beleza plástica, como uma coreografia santa no levantar das mãos em glorificação a Deus. Muitas pessoas foram de todas as cidades, e não apenas os habitantes de Jerusalém. Provavelmente, para que o povo ficasse durante seis horas "desde a alva até ao meio-dia" (Ne 8.3), a reunião não foi monótona como ocorre em muitos cultos em que o povo dorme de tédio ou de apatia durante uma mensagem sem graça e sem unção. Podemos crer que houve, de fato, um culto de doutrina pleno de avivamento e glorificação intensa.

Com o rosto em terra. O povo de Deus é o único que dá glória ao seu nome. É um dever glorificar a Deus. Bater palmas é uma opção adotada em algumas igrejas. Mas dar glória a Deus é uma obrigação, um dever: "Dai ao Senhor a glória devida ao seu nome; adorai o Senhor na beleza da sua santidade. Além de louvar, o texto diz: "e inclinaram-se e adoraram o Senhor, com o rosto em terra... E no seu templo cada um diz: Glória!" (Sl 29.2,9).

Estátuas não adoram a Deus. Os que participavam daquele culto avivado de doutrina demonstraram a sua alegria e a sua reverência, inclinando-se diante do altar de Deus "com o rosto em terra". Poder-se-á indagar: Para que isso? Para que esse gesto estranho de se colocar o rosto em terra? Não era um modismo, contudo uma maneira de se expressar comum adoração a Deus ante a sua majestade e poder.

O povo de Israel, em suas jornadas, sempre expressou reverência e adoração, curvando-se diante do Senhor, inclusive com o rosto em terra. "E todos os filhos de Israel, vendo descer o fogo e a glória do Senhor sobre a casa, encurvaram-se com o rosto em terra sobre o pavimento, e adoraram, e louvaram o Senhor, porque é bom, porque a sua benignidade dura para sempre" (2 Cr 7.3; ver 2 Cr 20.18; Lc 17.16). Diante do fogo e da glória do Senhor, quem pode permanecer de pé? Deve-se entender que orar "com o rosto em terra" não é uma doutrina, nem uma obrigação. É algo que pode ser feito com decência e ordem, respeitando-se à liturgia e à liderança da reunião e da igreja local.

Devemos observar, no texto em apreço, que não havia qualquer exagero ou descontrole nas expressões corporais dos adoradores. Hoje há um verdadeiro abuso em determinadas reuniões. Existem pessoas que confundem o espiritual com o emocional, chegando às raias do irracional. Em determinadas igrejas, principalmente as neopentecostais, acontecem verdadeiros absurdos, como pessoas correndo dentro das igrejas, pulando descontroladamente, sapàteando, quem sabe até se contorcendo e se dizendo cheias do poder de Deus.

Muitas, na verdade, estão se exibindo, buscando chamar a atenção para si. Isso não glorifica nem bendiz ao Senhor (Sl 103.1), é puro emocionalismo. Não se deve ficar como "uma estátua de sal" no momento do louvor, as mãos podem ser levantadas, talvez em algumas ocasiões até se prostrar com o rosto no chão em razão do poder que está sendo derramado sobre todos, mas não se deve cair no descontrole dos gestos e das emoções.

Quem não ouviu falar na "unção do riso", que pessoas passavam a rir de forma estranha e sem controle? Muitas, às gargalhadas, saiam correndo e pulando. Em um determinado vídeo pude observar que um homem, sob efeito de sugestão emocional, corre e pula sobre o púlpito! Isso é espiritual? À luz da Bíblia, certamente não. Esse movimento foi desmascarado por alguns de seus fundadores, que relataram o clima da manipulação psicológica que dominava tais expressões de falsa espiritualidade.

O Ensino — Base para o Avivamento

Na época do rei Josafá, houve um grande avivamento em Israel. Essa renovação começou com a retirada dos ídolos, seguindo-se um grande mutirão de ensino em todo o país (2 Cr 17.7-9). Com a liderança de Neemias não foi diferente. O avivamento fundamentou-se no ensino da Palavra de Deus.

Homens preparados para o ensino. "E Jesua, e Bani, e Serebias, e Jamim, e Acube, e Sabetai, e Hodias, e Maaséias, e Quelita, e Azarias, e Jozabade, e Hanã, e Pelaías, e os levitas ensinavam ao povo na Lei; e o povo estava no seu posto" (Ne 8.7). Eram treze ensinadores ou instrutores designados para ministrar o ensino nas diversas cidades, além dos levitas, que eram sacerdotes auxiliares junto ao Templo.

Havia naquela época, muitas pessoas preparadas para ensinar o povo. Esdras construiu o Templo; Neemias liderou a restauração dos muros. Era a prioridade visível. Sem muros, o Templo não funcionaria bem por causa dos inimigos que sempre assaltavam a cidade.

A fim de que haja ensino, é desejável e necessário que se tenha um ambiente apropriado com o mínimo de infra-estrutura. Como havia uma estrutura adequada, Neemias convocou Esdras para estar ao seu lado dirigindo o ensino da Palavra com a ajuda de homens preparados para a grande missão de ensinar o povo. Eles "ensinavam o povo na Lei", ou seja, no Pentateuco ou na Torah, a lei de Deus.

Exemplo para as igrejas. É um ótimo exemplo para as igrejas nos dias presentes, pois, hoje, há muitos pregadores, preletores e cantores, mas faltam ensinadores, pessoas dedicadas ao ensino da Palavra. A princípio, todo líder ou pastor deve ser apto ao ensino. Paulo declara: "E o que de mim, entre muitas testemunhas, ouviste, confia-o a homens fiéis, que sejam idôneos para também ensinarem os outros" (2 Tm 2.2).

Contudo, existem pessoas na igreja que têm mais habilidade concedida por Deus para se dedicar ao ensino. "Se é ministério, seja em ministrar; se é ensinar, haja dedicação ao ensino" (Rm 12.7). É importante que nas igrejas sejam promovidos seminários, cursos e outros eventos que tenham como objetivo preparar homens e mulheres capacitados para ensinar. Os desafios ao bom ensino hoje são maiores do que no tempo de Neemias.

As igrejas locais estão repletas de membros jovens e estudantes, que trazem questionamentos complexos para as igrejas, e, na maioria das vezes, não encontram respostas adequadas. Imaginemos o que dirão alguns homens de Deus se forem questionados sobre transexualidade ou transgenitalidade.

O que ensinar, à luz da Bíblia, sobre gravidez substituta ou "barriga de aluguel"? Sobre células-tronco e outros temas polêmicos? Nenhum obreiro é obrigado a ser especialista nesses assuntos da bioética. E o que dizer acerca do que os crentes acompanham na internet? Talvez seja até pior do que o que veem na televisão. Para tanto, é necessário que haja ensino sobre tais temas a fim de que a igreja seja fortalecida na fé.

O Entendimento da Palavra Gerou o Avivamento

"E Neemias (que era o tirsata), e o sacerdote Esdras, o escriba, e os levitas que ensinavam ao povo disseram a todo o povo: Este dia é consagrado ao Senhor, vosso Deus, pelo que não vos lamenteis, nem choreis. Porque todo o povo chorava, ouvindo as palavras da Lei" (Ne 8.9).

O ensino significativo. "E leram o livro, na Lei de Deus, e declarando e explicando o sentido, faziam que, lendo, se entendesse" (Ne 8.8). O ponto fundamental que provocou o avivamento no coração do povo foi o fato de os ensinadores ou mestres terem tido o interesse, o cuidado e a paciência de não só lerem o livro, mas traduzirem as palavras diante do povo, "declarando e explicando" cada texto exposto. Eles não tinham pressa em simplesmente cumprir uma obrigação. Tinham zelo em fazer o povo apreender o conteúdo ensinado.

Segundo estudiosos, uma parte do povo que viera do cativeiro não falava nem entendia o hebraico. Falavam aramaico. Assim, os ensinadores e os levitas liam em hebraico e faziam a tradução para a língua do povo. Era um exercício edificante, de homilética, exegese e de hermenêutica ao mesmo tempo. A mensagem era lida, ensinada e aplicada à realidade vivenciada pelos que a ouviam.

O ensino provocou quebrantamento. "E Neemias (que era o tirsata), e o sacerdote Esdras, o escriba, e os levitas que ensinavam ao povo disseram a todo o povo: Este dia é consagrado ao Senhor, vosso Deus, pelo que não vos lamenteis, nem choreis. Porque todo o povo chorava, ouvindo as palavras da Lei" (Ne 8.9). Que exemplo! Neemias era o "tirsata" ou o governador, Esdras o escriba e sacerdote. Ambos estavam a postos coordenando toda a atividade do ensino, durante uma semana, seis horas por dia, incansavelmente!

A compreensão do que fora ensinado provocou lágrimas sinceras que partiam do íntimo das pessoas comovidas com a mensagem que no cativeiro não tiveram oportunidade de ouvir. Isso é exatamente o que acontece ao pecador quando dá crédito à Palavra de Deus. No mundo, no cativeiro espiritual, jamais podem ouvir e entender a Palavra de Deus. Ali, no meio da praça de Jerusalém, ocorria uma das maiores conferências bíblicas e teológicas de que se tem conhecimento. Hoje, compreende-se a reunião de grandes multidões, pois há espaços adequados em grandes auditórios climatizados, centros de convenções, equipamentos de som e imagem que prendem a atenção de um grande público.

No entanto, na época de Neemias, uma multidão, desde as primeiras horas do dia até o meio-dia se dispõe a ouvir não um grande preletor de fama nacional ou internacional, nem um grande cantor ou cantora. Estavam ali atentos para ouvir a Palavra de Deus. Jesus disse: "Antes, bem-aventurados os que ouvem a palavra de Deus e a guardam" (Lc 11.28). Eles tinham fome e sede da Palavra.

Alguns trechos da lei que eram lidos para o povo continham terríveis condenações de Deus ao pecado da desobediência. Ao serem lidos, provocaram grande temor e tremor nos corações. Não era simplesmente emoção, mas quebrantamento sincero. As lágrimas do povo revelavam profunda tristeza pelos pecados cometidos. As explicações de Esdras, de Neemias, dos demais instrutores e dos levitas calavam fundo na alma dos ouvintes. A Bíblia diz: "Porque a tristeza segundo Deus opera arrependimento para a salvação, da qual ninguém se arrepende; mas a tristeza do mundo opera a morte" (2 Co 7.10; Jo 16.20).

A Alegria do Senhor É a Força dos Salvos

"Comei as gorduras, e bebei as doçuras" (Ne 8.10a). Certamente, no final da grande reunião, no último dia da ministração da palavra, o povo estava no auge de suas emoções ao ouvir e entender o ensino. Sua alma estava saciada com as porções espirituais que lhe foram ministradas ao longo daquela grande conferência bíblica. A Bíblia diz: "Porque o ouvido prova as palavras como o paladar prova a comida" (Jó 34.3).

Após um grande banquete espiritual, com o alimento da Palavra, Neemias disse ao povo que fosse comer as gorduras e beber as doçuras. Provavelmente, fosse um convite a um banquete literal de comida típica daquela época. Segundo a *Bíblia de Estudo Pentecostal*, "os judeus gostavam muito de alimentos preparados com bastante gordura e bebidas bem doces. Muitos dos vinhos antigos eram fervidos e concentrados até ficarem doces e espessos, como mel ou geleias. Tinham que ser bem diluídos para serem consumidos".[1]

"E enviai porções aos que nada têm preparado para si" (Ne 8.10b). O povo judeu em seus dias de vitória tinha o costume de promover grandes festas com muita comida, bebida, e também tinha o hábito de enviar presentes aos seus concidadãos numa expressão de alegria e generosidade. No livro de Ester, temos exemplo dessa prática festiva.

---

[1] *Bíblia de Estudo Pentecostal.* Nota Ne 8.10.

Quando os judeus derrotaram seus inimigos no tempo da rainha Ester, houve grandes manifestações de festas em todos os lugares: "... como os dias em que os judeus tiveram repouso dos seus inimigos e o mês que se lhes mudou de tristeza em alegria e de luto em dia de folguedo; para que os fizessem dias de banquetes e de alegria e de mandarem presentes uns aos outros e dádivas aos pobres" (Et 9.22).

Na época de Neemias não poderia ser diferente, e até com muito mais razão. O povo experimentara 70 anos de cativeiro. Após sua libertação, puderam ver a mão de Deus operando em seu favor, usando reis, exércitos e muitos outros homens. A alegria era indizível. O líder exortou-os a se alegrarem, mas sem egoísmo e individualismo. Talvez houvesse alguém que não tivera a oportunidade de participar das solenidades santas e de ouvir a leitura e a explicação da lei do Senhor. Havia pobres entre os seus irmãos. E, numa demonstração de amor generoso, foram exortados a enviar-lhes porções das iguarias de sua festa. A fé salvífica é também fé compassiva. Tiago declara que a fé sem as obras é morta (Tg 2.20).

"A alegria do Senhor é a vossa força" (Ne 8.10 c). O povo estava desfrutando enorme alegria. Havia um clima de festa espiritual e também de festa nacional. E toda aquela alegria era resultado do avivamento genuíno provocado pela exposição da Palavra de Deus. Na realidade, era alegria vinda de cima do céu, da parte de Deus. Era "a alegria do Senhor!" Não era euforia humana de origem puramente emocional. As emoções não podem ser excluídas da manifestação de alegria, pois fazem parte de nosso ser. Quando no meio da igreja local o Espírito Santo opera tocando no coração dos adoradores, é possível se ouvir "um som, como de um vento veemente e impetuoso", enchendo o ambiente (At 2.2).

Uma festa santa. A "alegria do Senhor" produz força na vida do crente fiel. Essa força é indispensável para uma vida vitoriosa contra os três inimigos da fé: a carne, o mundo e o Diabo. Paulo ensina: "No demais, irmãos meus, fortalecei-vos no Senhor e na força do seu poder" (Ef 6.10). O crente fiel só pode ser forte se for cheio da alegria do Senhor, pois ela é a sua força. E para estar "no Senhor", é necessário ter comunhão com Ele (2 Co 5.17).

Quanto mais alegre for o crente "no Senhor", mais forte ele será. Na igreja local nunca se vê um crente alegre se desviar, causar dissensões ou divisões. Normalmente são os amargos e insatisfeitos que provocam rebeliões. Por isso, é indispensável que se busque desenvolver um clima de alegria espiritual. Não confunda a "alegria do Senhor" com os falsos avivamentos.

Ao que parece, no meio da multidão sobressaía-se o choro de alegria misturado com o pranto de arrependimento. Havia um clamor em voz alta na adoração, na confissão de pecados e no quebrantamento. Desse modo, os levitas procuraram acalmar o povo, dizendo: "Calai-vos, porque este dia é santo; por isso, não vos entristeçais" (Ne 8.11). Em seguida, o povo atendeu à exortação de Neemias e foi "a comer, e a beber, e a enviar porções, e a fazer grandes festas, porque entenderam as palavras que lhes fizeram saber" (Ne 8.12).

A demorada exposição da Palavra de Deus, em plena praça de Jerusalém, terminou numa grande celebração, numa verdadeira "festa santa" como proclamou Isaías: "Um cântico haverá entre vós, como na noite em que se celebra *uma festa santa*; e alegria de coração, como a daquela que sai tocando pífano, para vir ao monte do Senhor, à Rocha de Israel" (Is 30.29 – grifo nosso).

Somente após o ensino ter sido ministrado na praça de Jerusalém, foi que irrompeu um dos maiores avivamentos da história bíblica. O povo se alegrou com o Templo construído sob a liderança de Esdras. Ele jubilou com a restauração dos muros sob a direção de Neemias, mas o aviamento chegou quando todos ouviram e entenderam a mensagem da Palavra de Deus.

Reflexão

1. Onde o povo se ajuntou para ouvir a Palavra? Você vê a valorização da Palavra de Deus na igreja de hoje?
2. Quem dirigiu a leitura da Palavra? Você lê a Bíblia sagrada?
3. Quando Esdras louvou ao Senhor, qual foi a resposta do povo? Os crentes atuais gostam de louvar a Deus?
4. Que disse Neemias sobre a alegria do Senhor? Você sente a alegria do Senhor em sua vida?

7

QUANDO A CONGREGAÇÃO SE ARREPENDE

E se o meu povo, que se chama pelo meu nome, se humilhar, e orar, e buscar a minha face, e se converter dos seus maus caminhos, então, eu ouvirei dos céus, e perdoarei os seus pecados, e sararei a sua terra. (2 Cr 7.14)

Quando o povo de Deus se arrepende dos seus pecados, há perdão para si e bênçãos sobre sua terra. Quando em uma nação a maioria permanece obedecendo a Deus, e uma pequena parte transgride seus mandamentos, o povo não sofre tanto as repreensões do Senhor. A partir do momento em que um povo, uma igreja, a começar da liderança, vive em pecado, a situação torna-se insustentável. A ira de Deus se manifesta permitindo consequências trágicas. O povo de Israel fora escolhido por Deus para representá-lo na terra.

Em toda a sua história, desde Abraão, foi um povo que experimentou quão grande é Jeová! A necessidade o levou ao Egito, lá o povo foi escravizado, mas Deus levantou sua potente mão e o libertou através de Moisés. Na jornada em direção a Canaã, presenciaram coisas terríveis, maravilhas e milagres realizados por Deus como povo algum jamais assistiu. Foram plantados na Terra Prometida pela mão de Deus, contudo, transgrediram, pecaram e deram as costas ao Senhor.

Apesar de advertidos, obstinadamente e de forma deliberada fizeram pouco caso da misericórdia de Deus. Como consequência, veio o cativeiro. Na Babilônia ficaram setenta anos. Contudo, Deus cumpriu suas promessas e os fez voltar à sua terra. De 3 milhões de pessoas que eram ao sair do Egito, menos de cinquenta mil retornaram a Jerusalém com Zorobabel, Esdras e Neemias.

Porém, após a restauração dos muros, veio o grande avivamento quando o povo ouviu a Palavra de Deus. E tomaram consciência de que o pecado não era só de alguns, mas de todo o povo, a começar da liderança. O avivamento não provocou apenas movimento, cânticos e celebrações festivas, mas, principalmente, arrependimento e confissão de pecados. Decerto, é esse avivamento que está faltando aos evangélicos no Brasil e em todo o mundo. Existe crescimento numérico, sem dúvida, entretanto não há crescimento qualitativo. Para que haja crescimento qualitativo o povo, que se chama pelo nome de Deus, precisa "se humilhar, e orar... e se converter dos seus maus caminhos" (2 Cr 7.14).

As Consequências do Avivamento Genuíno

Arrependimento e confissão de pecados. "E, no dia vinte e quatro deste mês, se ajuntaram os filhos de Israel com jejum e com pano de saco e traziam terra sobre si" (Ne 9.1). Este grande evento ocorreu no mês de *tisri* (setembro). Como vimos, no comentário anterior, quando a palavra de Deus foi valorizada, o povo de Israel adorou, cantou, alegrou-se e derramou lágrimas de júbilo e de arrependimento naquela memorável semana em que os líderes lhes expuseram a lei de Deus, incluindo os terríveis juízos por causa do pecado. Se o avivamento tivesse sido apenas "fogo de palha", teria ficado por ali. Mas os frutos continuaram e foram duradouros. O primeiro grande fruto foi o arrependimento e a confissão.

Sinais do arrependimento. Eles não apenas choraram e se lamentaram expressando remorso. Entretanto, demonstraram com atitudes e gestos concretos que estavam arrependidos.

Profunda tristeza (Ne 9.1). Primeiro, puseram "pano de saco e traziam terra sobre si". Era um costume cultural daquele povo. Era sinal de tristeza (Gn 37.34), humilhação (1 Rs 21.27), desespero (2 Rs 19.1), angústia (Et 4.3). Na época de Neemias, era sinal evidente de grande arrependimento. O gesto de terra sobre a cabeça completava a expressão de tristeza e arrependimento (Jó 7.9; 1 Sm 4.12; Lm 2.10). Existem pessoas nas igrejas locais que pedem perdão sem qualquer sinal visível de tristeza pelos pecados cometidos, e frequetemente voltam a pecar.

Apartaram-se dos estranhos (Ne 9.2 a). Os estranhos eram as pessoas de outros povos com que o povo de Israel se misturara desde a saída do Egito. Pouco a pouco, ao longo dos anos, a linhagem santa misturava-se com os povos de Canaã, dando lugar aos casamentos mistos. E essa mistura levou o povo aos cultos daqueles povos a seus deuses estranhos. Esdras, o sacerdote, teve que enfrentar esse problema e determinar a despedida das mulheres estranhas (Ed 10). Contudo, depois, a mistura ainda se observava.

A idolatria foi o principal pecado de Israel. Uma das principais razões por que Deus levou Israel à terra de Canaã foi para destruir os seus falsos deuses e seus cultos aos demônios. Durante esses cultos crianças eram sacrificadas aos demônios. O deus Moloque era representado por um ídolo esculpido em ferro com uma abertura como seu ventre. Ali, em fogo ardente, os pais lançavam bebês e crianças maiores em sacrifício aos demônios.

E Deus determinou: "Quando entrares na terra que o Senhor, teu Deus, te der, não aprenderás a fazer conforme as abominações daquelas nações. Entre ti se não achará quem faça passar pelo fogo o seu filho ou a sua filha, nem adivinhador, nem prognosticador, nem agoureiro, nem feiticeiro, nem encantador de encantamentos, nem quem consulte um espírito adivinhante, nem mágico, nem quem consulte os mortos, pois todo aquele que faz tal coisa é abominação ao Senhor; e por estas abominações o Senhor, teu Deus, as lança fora de diante de ti" (Dt 18.9-12).

"Quando, pois, o Senhor, teu Deus, os lançar fora, de diante de ti, não fales no teu coração, dizendo: Por causa da minha justiça é que o Senhor me trouxe a esta terra para a possuir, porque, pela impiedade destas nações, é que o Senhor as lança fora, de diante de ti" (Dt 9.4,5).

Era clara a ordem de Deus para que o seu povo não se inclinasse diante das imagens de escultura nem as adorasse. Contudo, desrespeitaram o primeiro e o segundo mandamento da lei de Deus (Êx 20.3-5; Lv 20.2-5). Fizeram altares a deuses estranhos. "E deixaram todos os mandamentos do Senhor, seu Deus, e fizeram imagens de fundição, dois bezerros; e fizeram um ídolo do bosque, e se prostraram perante todo o exército do céu, e serviram a Baal" (2 Rs 17.16; Jz 2.13).

Assim, quando o avivamento chegou, o povo apartou-se dos povos estranhos e de seus deuses. Tomaram essa decisão porque lhes fora ensinado através da leitura e explicação da Palavra de Deus que tal prática era abominação ao Senhor. Hoje conhecemos muitas pessoas que vivem nas igrejas, ou melhor, nos templos, mas não querem deixar seus deuses estranhos, "seus ídolos de estimação" que não agradam a Deus nem glorificam o seu nome. Também não querem deixar a comunhão com os incrédulos. Jovens cristãos, inclusive adolescentes, namoram, noivam e até se casam com pessoas descrentes, sem qualquer temor e compromisso com Deus. A Bíblia declara que não devemos nos prender a "jugo desigual com os infiéis" (2 Co 6.14).

Para muitos crentes a televisão tornou-se um ídolo, o aparelho é um altar que não pode ser apagado. A internet, para grande parte dos jovens em nossas igrejas, é um verdadeiro panteão de ídolos que destrói sua fé, sua dignidade e sua comunhão com Deus. Devemos obedecer ao que nos diz 2 Crônicas 7.14. E tais relacionamentos ocorrem por causa da mistura com os incrédulos. Não se pode evitar a amizade, o relacionamento no trabalho ou na escola com pessoas não-crentes, mas não se deve ter comunhão com elas, pois isso prejudica a identidade cristã.

Confessaram seus pecados e de seus pais. "...E puseram-se em pé e fizeram confissão dos seus pecados e das iniquidades de seus pais" (Ne 9.2b). Avivamento é isso, é expressão de uma mudança radical. Os israelitas fizeram "confissão dos seus pecados", ou seja, do pecado de cada um, dos pecados individuais, inicialmente. Quando alguém chora, grita, demonstra tristeza, mas não confessa de verdade os seus pecados, não há avivamento. Há apenas remorso. Isso não agrada a Deus.

Fizeram confissão "das iniquidades de seus pais". O que significa isso? Terá sido algum "culto aos antepassados", como fazem povos orientais? Certamente, não. Quando eles oravam, confessando os pecados de seus pais, sem dúvida, era porque estavam repetindo os erros e as transgressões cometidos pelos seus antepassados. "Ó Senhor, segundo todas as tuas justiças, aparte-se a tua ira e o teu furor da tua cidade de Jerusalém, do teu santo monte; porquanto, por causa dos nossos pecados e por causa das iniquidades de nossos pais, tornou-se Jerusalém e o teu povo um opróbrio para todos os que estão em redor de nós" (Dn 9.16).

Não se deve mistificar esse assunto, entendendo que a confissão pode apagar os pecados dos ancestrais. De jeito nenhum. Diz a Bíblia: "A alma que pecar, essa morrerá; o filho não levará a maldade do pai, nem o pai levará a maldade do filho; a justiça do justo ficará sobre ele, e a impiedade do ímpio cairá sobre ele" (Ez 18.20). Aqui fica bem claro que as gerações atuais podem sofrer as consequências dos pecados dos ancestrais, mas não levam a maldade deles, nem existe a tal da "maldição hereditária" sobre os salvos em Cristo (Rm 8.1; 2 Co 5.17).

Leitura, Confissão e Adoração

Valorizando a lei do senhor. Aqui está uma boa sugestão para uma reunião devocional. "E, levantando-se no seu posto, leram no livro da Lei do Senhor, seu Deus, uma quarta parte do dia; e, na outra quarta parte, fizeram confissão; e adoraram o Senhor, seu Deus" (Ne 9.3). Mais uma vez temos o destaque para a leitura da lei do Senhor diante do povo que ouvia atentamente. E essa leitura, que já fora feita, foi repetida durante "a quarta parte do dia". Ao que o texto indica, a leitura durava três horas, talvez das seis da manhã às nove horas (em nosso horário), ou da primeira à terceira hora no horário judaico. Em seguida, durante mais três horas, o povo fazia confissão de pecados. A adoração era expressa em forma de exaltação a Deus. "Tu só és SENHOR, tu fizeste o céu, o céu dos céus e todo o seu exército, a terra e tudo quanto nela há, os mares e tudo quanto neles há; e tu os guardas em vida a todos, e o exército dos céus te adora" (Ne 9.6).

Relembrando a história do seu povo. O passado de um povo aponta para o seu presente e o presente aponta para o futuro. Muitos fatos que ocorrem nos dias atuais são resultantes do que aconteceu no passado; é a dinâmica da história. Um povo que não valoriza a sua história é um povo sem memória. No tempo de Neemias, o povo poderia até ter se esquecido de seu passado, mas os líderes tiveram o cuidado e o zelo de lembrar-lhes ou fazer conhecer os fatos históricos, sobretudo os que envolveram a ação de Deus desde a época de Abraão, a sua libertação do Egito, a caminhada pelo deserto, a chegada a Canaã e o seu desenvolvimento na Terra Prometida.

Foi extensa e bem minuciosa a narração histórica, enquanto o povo adorava a Deus com a liderança dos levitas (Ne 9.4,5).

Relembrando a chamada de Abraão: "Tu és Senhor, o Deus, que elegeste Abrão, e o tiraste de Ur dos caldeus, e lhe puseste por nome Abraão. E achaste o seu coração fiel perante ti e fizeste com ele o concerto, que lhe darias a terra dos cananeus, e dos heteus, e dos amorreus, e dos ferezeus, e dos jebuseus, e dos girgaseus, para a dares à sua semente; e confirmaste as tuas palavras, porquanto és justo" (Ne 9.7,8). Essa referência lembrava ao povo que eles deveriam estar ali, em Canaã, não pelo favor de um rei, mas pela promessa de Deus a Abraão.

Relembrando o cativeiro no Egito. "E viste a aflição de nossos pais no Egito e ouviste o seu clamor junto ao mar Vermelho. E mostraste sinais e prodígios a Faraó, e a todos os seus servos, e a todo o povo da sua terra, porque soubeste que soberbamente os trataram; e assim te adquiriste nome, como hoje se vê" (Ne 9.9,10). As novas gerações não tinham consciência de quão grande fora a mão de Deus na libertação de Israel do cativeiro egípcio. Ali, estavam experimentando a libertação do cativeiro babilônico pela misericórdia de Deus. E onde estava a gratidão a Deus?

Do mar Vermelho ao Sinai. "E o mar fendeste perante eles, e passaram pelo meio do mar, em seco; e lançaste os seus perseguidores nas profundezas, como uma pedra nas águas violentas. E os guiaste, de dia por uma coluna de nuvem e de noite por uma coluna de fogo, para os alumiares no caminho por onde haviam de ir. E sobre o monte de Sinai desceste, e falaste com eles desde os céus, e deste-lhes juízos retos e leis verdadeiras, estatutos e mandamentos bons. E o teu santo sábado lhes fizeste conhecer; e preceitos, e estatutos, e lei lhes mandaste pelo ministério de Moisés, teu servo" (Ne 9.11-14).

Aquelas gerações mais novas precisavam saber que o Deus deles não era um deus qualquer, mas o Deus que abrira o mar Vermelho a fim de que cerca de três milhões de pessoas passassem, guiando-os de dia com uma nuvem que amenizava o calor sufocante do deserto, e durante a noite, com uma nuvem de fogo. Era o mesmo Deus que fez o Sinai fumegar quando entregou a Lei a Moisés. Agora, aquela lei, que estivera esquecida, estava sendo lida perante eles. Era impressionante a facilidade que o povo tinha para se esquecer dos grandes feitos do Senhor!

A desobediência dos seus antepassados. "Porém eles, nossos pais, se houveram soberbamente, e endureceram a sua cerviz, e não deram ouvidos aos teus mandamentos. E recusaram ouvir-te, e não se lembraram das tuas maravilhas, que lhes fizeste, e endureceram a sua cerviz, e na sua rebelião levantaram um chefe, a fim de voltarem para a sua servidão; porém tu, ó Deus perdoador, clemente e misericordioso, tardio em irar-te, e grande em beneficência, tu os não desamparaste, ainda mesmo quando eles fizeram para si um bezerro de fundição, e disseram: Este é o teu Deus, que te tirou do Egito, e cometeram grandes blasfêmias" (Ne 9.16-18).

Relembrando a desobediência das gerações passadas, o povo pôde ver que a índole deles era de orgulho e endurecimento diante de Deus. Era comum o povo esquecer-se das maravilhas realizadas por Deus, ainda assim, Deus não os desamparara ao longo dos séculos. Tudo isso em razão da promessa feita a Abraão, Isaque, Jacó e a Davi.

Relembrando a conquista de Canaã. "Assim, entraram nela os filhos e tomaram aquela terra; e abateste perante eles os moradores da terra, os cananeus, e lhos entregaste na mão, como também os reis e os povos da terra, para fazerem deles conforme a sua vontade. E tomaram cidades fortes e terra gorda e possuíram casas cheias de toda fartura, cisternas cavadas, vinhas, e olivais, e árvores de mantimento, em abundância; e comeram, e se fartaram, e engordaram, e viveram em delícias, pela tua grande bondade. Porém se obstinaram, e se revoltaram contra ti, e lançaram a tua lei para trás das suas costas, e mataram os teus profetas, que protestavam contra eles, para que voltassem para ti; assim fizeram grandes abominações" (Ne 9.24-26).

A posse da Terra Prometida era fruto da bênção de Deus, das vitórias que alcançaram sobre povos muito mais numerosos que ele pela mão de Moisés, de Arão e de seus exércitos. Não conquistaram a terra por causa dos seus generais, capitães nem por suas estratégias bélicas, mas venceram e destruíram os inimigos porque Deus estava com eles. Diz a Bíblia: "Um só homem dentre vós perseguirá a mil, pois é o mesmo Senhor, vosso Deus, o que peleja por vós, como já vos tem dito" (Js 23.10); "O Senhor entregará os teus inimigos que se levantarem contra ti feridos diante de ti; por um caminho sairão contra ti, mas por sete caminhos fugirão diante de ti" (Dt 28.7).

Diante de tantas vitórias, êxitos e sucessos, qual a resposta do povo ao longo dos séculos? "Porém se obstinaram, e se revoltaram contra ti, e lançaram a tua lei para trás das suas costas, e mataram os teus profetas, que protestavam contra eles, para que voltassem para ti; assim fizeram grandes abominações". Obstinação, rebelião, desprezo à lei do Senhor, assassinato dos profetas e prática de grandes abominações que incluíam lançar seus filhos no fogo, sacrificando-os aos demônios, adoração aos deuses estranhos e casamento com mulheres cananeias.

Não devemos nos admirar quando nas igrejas locais muitas pessoas se comportarem da mesma maneira. Muitas são abençoadas, prosperam com a graça de Deus, são batizadas com o Espírito Santo, têm paz e segurança, mas por qualquer apelo do mundo deixam de lado a Palavra de Deus. Algumas se desviam, cometem adultério e até se envolvem com o homossexualismo, contrariando as ordenanças do Senhor em total ingratidão e desprezo à Igreja do Senhor Jesus Cristo. Contudo, a recompensa por causa de tais atitudes é certa. Diz Paulo: "Não erreis: Deus não se deixa escarnecer; porque tudo o que o homem semear, isso também ceifará" (Gl 6.7).

A Grande Misericórdia de Deus

Deus clemente e misericordioso. "Mas, pela tua grande misericórdia, não os destruíste nem desamparaste; porque és um Deus clemente e misericordioso" (Ne 9.31). De cerca de três milhões de judeus, aproximadamente, que saíram do Egito, e de cerca de seis milhões que entraram na terra de Canaã, apesar de todos os pecados e rebeliões cometidos nos quarenta anos de jornada no deserto, Deus não os desamparou.

Daquela grande multidão, só restavam cerca de cinquenta e cinco mil pessoas durante a restauração dos muros da cidade de Jerusalém, ou seja, menos de 1%! É espantoso como o pecado causa a decadência espiritual, moral e numérica quando o povo dá as costas para Deus. É perigoso agir assim, pois Deus não só permite que o mal prevaleça, mas provoca situações adversas contra o povo rebelde. Mesmo agindo com rebeldia, Deus não destruiu o povo totalmente. Por quê? Ele até poderia levantar outro povo melhor do que aquele para lhe servir, mas não o fez. Por quê?

Primeiro, porque Deus é um Deus de palavra. Ele é Deus fiel, prometeu a Abraão e a seus filhos que sua semente seria multiplicada grandissimamente (Gn 16.10; 22.17; 26.4; 26.24). Ele previu a assolação de Israel por sua desobediência, mas não sua total destruição (Jr 4.27). Hitler quis aplicar "a solução final" destruindo os judeus na Segunda Guerra Mundial, mas não conseguiu.

O remanescente de Israel será salvo. Em segundo lugar, Deus não destruiu Israel por sua grande misericórdia: "As misericórdias do Senhor são a causa de não sermos consumidos; porque as suas misericórdias não têm fim" (Is 63.7; Lm 3.22). Israel, ainda hoje, despreza o plano de Deus.

A mistura com povos estranhos, na dispersão pelo mundo, fez com que a maioria não aceite as promessas de Deus, mas ninguém conseguirá destruir a nação israelita. O povo de Israel está debaixo das grandiosas e infalíveis promessas de *Yaweh*, aconteça o que acontecer. "Também Isaías clamava acerca de Israel: Ainda que o número dos filhos de Israel seja como a areia do mar, o remanescente é que será salvo" (Rm 9.27).

Um Concerto com Deus

A súplica do povo. Depois do arrependimento sincero "com pano de saco e areia sobre a cabeça", depois do pranto de todo o povo e depois da confissão e da adoração, chegara a hora de ser firmado um concerto com Deus, para que não mais fizessem o que seus antepassados fizeram desobedecendo ao Senhor. Então, antes de firmarem o concerto, houve uma grande súplica pela misericórdia de Deus: "Agora, pois, ó Deus nosso, ó Deus grande, poderoso e terrível, que guardas o concerto e a beneficência, não tenhas em pouca conta toda a aflição que nos alcançou a nós, e aos nossos reis, e aos nossos príncipes, e aos nossos sacerdotes, e aos nossos profetas, e aos nossos pais, e a todo o teu povo, desde os dias dos reis da Assíria até ao dia de hoje" (Ne 9.32). O povo ouviu a exposição da Palavra de Deus e confirmou que Ele é "o Deus grande, poderoso e terrível, que guarda o concerto e a beneficência".

Quando o escriba e os levitas estavam lendo, no Pentateuco, o povo anotou o que Moisés escrevera: "O Senhor é longânimo e grande em beneficência, que perdoa a iniquidade e a transgressão, que o culpado não tem por inocente e visita a iniquidade dos pais sobre os filhos até à terceira e quarta geração" (Nm 14.18). Ao crerem na Palavra, clamaram a Deus para que não os abandonasse. Mesmo usufruindo de reis, sacerdotes, e seus pais e todo o povo terem desobedecido à lei do Senhor (Ne 9.34,35), reconheceram que Deus é justo (Ne 9.33).

O concerto selado. "E, com tudo isso, fizemos um firme concerto e o escrevemos; e selaram-no os nossos príncipes, os nossos levitas e os nossos sacerdotes" (Ne 9.38). Deus se agrada quando o seu povo, arrependido, faz um concerto com Ele. Deus é Deus de concerto.

Ao restaurar o seu relacionamento com Deus, o rei Josias fez um grande concerto com Ele (2 Rs 23.1-3). O sábio rei Ezequias, diante da transgressão do povo, no primeiro ano de seu reinado, quando só tinha vinte e cinco anos de idade, conclamou o povo e fez um concerto com Deus (2 Cr 29.1-10).

Nos nossos dias, não resta a menor dúvida de que ante a iminente vinda do Senhor Jesus Cristo, faz-se necessário um grande concerto com Deus por parte das igrejas locais. É visível em nossas igrejas a negligência no cumprimento da Palavra de Deus, doutrinas heréticas têm invadido muitas delas. Comportamentos pecaminosos prejudicam ministérios inteiros, e uma grande frieza espiritual, uma verdadeira "frente fria" tem pairado sobre os arraiais evangélicos.

O mercantilismo tem dominado pregadores e cantores. Pregar ou cantar transformou-se em "produtos" a serem oferecidos no mercado da fé, conforme "a lei da oferta e da procura". Curas e milagres são vistos como barganhas em troca de dinheiro. Não temos a intenção de julgar ninguém, mas essas e outras aberrações brotam a olho nu no cenário evangélico do nosso país. Decerto, está faltando um concerto nacional a fim de que haja um grande avivamento antes do arrebatamento da Igreja. Como a união entre as diversas igrejas só poderá haver no Milênio, é possível que cada denominação procure alcançar esse concerto e esse indispensável avivamento.

Assim como ocorreu após a restauração dos muros de Jerusalém, no tempo de Neemias, devemos orar e suplicar a Deus que mande sobre seu povo, no Brasil e no mundo, um quebrantamento espiritual que resulte em arrependimento, confissão e concerto com o Senhor. Devemos buscar esse avivamento a fim que as forças do mal sejam derrotadas, como prometeu o Senhor Jesus.

Reflexão

1. Qual a primeira grande consequência do avivamento? Você tem visto o avivamento nas igrejas nestes dias?
2. O que os judeus usaram para demonstrar tristeza? Você percebe que há tristeza quando o povo desobedece a Deus?
3. Que fizeram os israelitas na reunião de concerto com Deus? Hoje existe a necessidade de concerto com Deus?
4. Que fizeram os judeus depois do arrependimento sincero? Eles permaneceram da mesma forma?
5. Hoje precisa-se de arrependimento?

8

Compromisso com a Lei de Deus

Firmemente aderiram a seus irmãos, os mais nobres de entre eles, e convieram num anátema e num juramento, de que andariam na Lei de Deus...
(Ne 10.29).

O compromisso com Deus e com a sua Palavra é requisito indispensável para a vitória da igreja e de cada crente fiel. O avivamento em Jerusalém, sob a liderança de Neemias, deixou marcas indeléveis de que Deus derramara a sua graça e a sua unção sobre os que se empenharam na reconstrução dos muros da cidade. Além da confissão de pecados e do retorno à adoração ao Deus verdadeiro, o povo e seus líderes assumiram um compromisso de cumprir a lei do Senhor. Não será essa atitude o que tem faltado em grande parte das igrejas? Atitude de romper com o estilo de vida que agrada ao mundo, e se posicionar ao lado do Senhor Jesus Cristo em obediência ao seu evangelho é indispensável para que a igreja local cumpra sua missão.

A falta de compromisso com a Palavra de Deus é a causa principal dos insucessos, desgastes, descrédito e ineficácia na pregação do evangelho por parte das igrejas locais. No caso do povo de Jerusalém, os judeus estavam acostumados com o estilo de vida adquirido no cativeiro. Comprometer-se com a lei de Deus era atitude que sofria séria resistência, pois implicava mudança na maneira de viver, principalmente por parte dos seus líderes. Talvez tenham sido os mais recalcitrantes em aceitar as reformas morais e sociais ensinadas por Neemias.

Contudo, diante da terrível situação em que o povo se encontrava com sua cidade aberta a todos os tipos de agressões, não houve opção. O povo não tinha escolha, ou mudava ou seria outra vez derrotado e voltaria para o cativeiro. Entretanto, o texto em apreço diz que "os mais nobres entre eles" aderiram às propostas de mudança em suas vidas em prol da reconstrução dos muros da cidade. E não só nisso, mas aderiram às reformas espirituais, legais, morais e sociais que se faziam necessárias para a felicidade de todos, sobretudo no que concernia à obediência à lei de Deus.

Graças à ação do Espírito Santo e ao exemplo e tenacidade de Neemias, todos concordaram em aderir aos planos expostos pelo líder da restauração. Neemias foi um grande exemplo, logo, todos o seguiram. A liderança tem o poder de influenciar, serve sempre como exemplo. Ela conduz os liderados aos objetivos colimados, não pela força nem pelo cargo, mas pelo convencimento por meio do exemplo e das atitudes. Neemias não apenas apontou o caminho, mas seguiu à frente do povo. Ele desfrutou da bênção do Senhor.

Compromisso em Obedecer à Palavra de Deus

Cumprindo os mandamentos do Senhor. O povo de Deus no Antigo Testamento tinha o costume de fazer juramentos (Gn 26.28; Nm 30.2; Dt 7.8) confirmando alianças e concertos. Com o avivamento, que se seguiu à restauração dos muros, houve um movimento nacional em busca do cumprimento da Palavra de Deus. Ao longo dos anos, antes e durante o cativeiro, houve grande desinteresse pela Palavra do Senhor, mas após a conclusão da obra de restauração da cidade, o povo sentiu forte estímulo em seus corações para assumir o compromisso de obedecer a Deus.

Os líderes dão o exemplo. Quando os líderes demonstram que estão dispostos a obedecer, a tendência do povo é segui-los, acompanhando seus gestos de obediência a Deus. Liderança é, acima de tudo, exemplo. Caso aconteça o contrário, os líderes pregando obediência, mas vivendo de modo em desobediência, os resultados serão deploráveis. O texto em apreço nos declara que "o resto do povo, os sacerdotes, os levitas, os porteiros, os cantores, os netineus e todos os que se tinham separado dos povos das terras para a lei de Deus, suas mulheres, seus filhos e suas filhas, todos os sábios e entendidos" tomaram a decisão de obedecer à Palavra de Deus.

Nesse sentido, "firmemente aderiram a seus irmãos, os mais nobres entre eles", no sentido de obedecerem à Palavra de Deus. Chegaram a proclamar um "anátema", ou uma interdição radical ao lado de um juramento "de que andariam na Lei de Deus"...."e de que guardariam e cumpririam todos os mandamentos do Senhor, nosso Senhor, e os seus juízos e estatutos" (Ne 10.28,29).

Compromisso de se Separarem de outros Povos

Rejeitando uniões não aprovadas por Deus. Quando Deus tirou o povo de Israel do Egito, ordenou de modo claro e veemente que não fizessem acordo com os moradores da terra de Canaã, para que isso não fosse armadilha no meio deles. Determinou que derrubassem todos os seus altares, evitando unir-se àqueles povos nos cultos aos seus falsos deuses e participarem dos seus sacrifícios. E não viessem a tomar "mulheres das suas filhas para os teus filhos, e suas filhas, prostituindo-se após os seus deuses, façam que também teus filhos se prostituam após os seus deuses" (Êx 34.12-16). Em outros textos da lei de Deus, essa determinação foi repetida. Entretanto, com o passar dos anos, o povo foi se distanciando de Deus e fazendo o contrário do que lhe fora ordenado. Chegaram a unir-se às mulheres cananeias, heteias, filisteias e egípcias em aberta rebelião contra Deus e contra seus mandamentos. Essa foi uma das causas que levou Deus a permitir que seu povo fosse levado aos cativeiros assírio e babilônico. Entretanto, com o avivamento, houve um retorno à obediência a Deus e à sua Palavra.

Uma das decisões mais acertadas que os líderes juntamente com o povo tomaram foi a de não permitir a união de suas filhas com os filhos dos povos da terra, e que não tomariam as filhas dos cananeus para seus filhos (Ne 10.30).

Hoje, em muitas igrejas, existem relacionamentos e até mesmo casamento de cristãos com incrédulos em desrespeito à Palavra de

Deus. Antigamente as pessoas eram disciplinadas, e às vezes, até suspensas da comunhão por ser relacionarem com não-crentes. A própria Bíblia nos declara: "Não vos prendais a um jugo desigual com os infiéis; porque que sociedade tem a justiça com a injustiça? E que comunhão tem a luz com as trevas? E que concórdia há entre Cristo e Belial? Ou que parte tem o fiel com o infiel? E que consenso tem o templo de Deus com os ídolos? Porque vós sois o templo do Deus vivente, como Deus disse: Neles habitarei e entre eles andarei; e eu serei o seu Deus, e eles serão o meu povo. Pelo que saí do meio deles, e apartai-vos, diz o Senhor; e não toqueis nada imundo, e eu vos receberei; e eu serei para vós Pai, e vós sereis para mim filhos e filhas, diz o Senhor Todo-poderoso" (2 Co 6.14-18).

Na maioria dos casos em que há o namoro misto, culminando em casamento, as consequências são desastrosas para o cristão que desobedece a orientação da igreja que está baseada na Palavra de Deus. Segundo Barber, "As diferenças religiosas resultam nos filhos não serem corretamente instruídos no caminho do Senhor. Isso, por sua vez, mina a sociedade. Quando as realidades espirituais são deixadas de lado, os valores morais se deterioram, e a avareza, o egoísmo e a opressão tornam-se a ordem do dia. Isso leva à desunião e à deterioração da identidade nacional".[1]

O autor citado refere-se à perda da "identidade nacional", mas o que dizer de uma igreja local em que os membros batizados em águas desobedecem à Palavra de Deus e passam a unir-se com pessoas descrentes? Certamente, tais uniões, desde o namoro chegando ao matrimônio, afrontam e desfiguram a identidade da igreja. Frequetemente, na maioria dos casos, o cônjuge descrente induz o crente a se desviar dos caminhos do Senhor. É muito improvável que uma esposa crente leve seu esposo aos pés do Senhor. Pode acontecer, mas são casos raros. Há necessidade de disciplina aos que transgridem a Palavra de Deus. Do contrário, a "porta do lixo" se abrirá para dentro e não para fora da Casa do Senhor.

A dolorosa separação dos estranhos. Antes de Neemias, Esdras, o sacerdote da construção do Templo, conclamou o povo a desfazer as uniões ilícitas com os povos estranhos. "Agora, pois, vossas

---

[1] Cyril J. BARBER. *Neemias e a dinâmica da liderança eficaz*, p. 125.

filhas não dareis a seus filhos, e suas filhas não tomareis para vossos filhos, e nunca procurareis a sua paz e o seu bem; para que vos fortaleçais, e comais o bem da terra, e a façais possuir a vossos filhos para sempre... tornaremos, pois, agora a violar os teus mandamentos e a aparentar-nos com os povos destas abominações? Não te indignarias tu, assim, contra nós até de todo nos consumires, até que não ficasse resto nem quem escapasse?" (Ed 9.12,14).

Apesar da determinação dada, os judeus continuaram a buscar a comunhão com os estranhos, logo os resultados foram desastrosos. No entanto, depois do grande avivamento na restauração dos muros, os líderes e o povo em geral resolveram desfazer os casamentos mistos. "E o resto do povo, os sacerdotes, os levitas, os porteiros, os cantores, os netineus e *todos os que se tinham separado dos povos das terras para a Lei de Deus*, suas mulheres, seus filhos e suas filhas, todos os sábios e entendidos" (Ne 10.28 – grifo nosso).

Certamente, tal decisão resultou em tristeza e dor para muitos. Alguns já tinham tido filhos com as mulheres estranhas. Os filhos, sem dúvida, apegavam-se a seus pais. Porém, para terem paz com Deus e serem alvo de sua bênção era necessário retornarem à obediência à Palavra de Deus, ainda que para tanto tivessem que pagar um preço altíssimo na separação de suas famílias.

No Novo Testamento, há exceção no tratamento quando o casamento misto se configura entre pessoas descrentes e uma delas aceita a Cristo como salvador e a outra permanece na incredulidade. Nesse caso, tendo em vista a preservação da família, que é uma instituição divina, o apóstolo Paulo ensina que é preciso ter cuidado quanto ao relacionamento de casais mistos.

"Mas, aos outros, digo eu, não o Senhor: se algum irmão tem mulher descrente, e ela consente em habitar com ele, não a deixe. E se alguma mulher tem marido descrente, e ele consente em habitar com ela, não o deixe. Porque o marido descrente é santificado pela mulher, e a mulher descrente é santificada pelo marido. Doutra sorte, os vossos filhos seriam imundos; mas, agora, são santos. Mas, se o descrente se apartar, aparte-se; porque neste caso o irmão, ou irmã, não está sujeito à servidão; mas Deus chamou-nos para a paz.

Porque, donde sabes, ó mulher, se salvarás teu marido? Ou, donde sabes, ó marido, se salvarás tua mulher? E, assim, cada um ande como Deus lhe repartiu, cada um, como o Senhor o chamou. É o que ordeno em todas as igrejas" (1 Co 7.12-17).

O Cuidado com a Lei

A guarda do sábado. Para o povo de Israel na época de Neemias, guardar o sábado como dia consagrado ao Senhor, era questão de ordem espiritual e moral de alto significado. "... E de que, trazendo os povos da terra no dia de sábado algumas fazendas e qualquer grão para venderem, nada tomaríamos deles no sábado, nem no dia santificado; e livre deixaríamos o ano sétimo e toda e qualquer cobrança" (Ne 10.31). A cidade de Jerusalém nada produzia. Os produtos agrícolas, tais como os cereais, o vinho, a cevada, o trigo, bem como os peixes e as aves, provinham das aldeias que ficavam no entorno da cidade murada.

Contudo, os mercadores e caravaneiros nem sempre respeitavam o mandamento do dia santificado, o sétimo dia. Teimavam em oferecer seus produtos naquele dia, e o povo já se acostumara a desrespeitar o sábado ou aceitar o seu desrespeito pelos "povos da terra". Com o avivamento e o concerto selado de obedecer à Palavra de Deus, a comunidade concordou em não mais aceitar a oferta daqueles produtos no sábado de descanso.

Um concerto perpétuo entre Deus e Israel. Aqui, desejamos resumir a doutrina bíblica sobre o sábado. No Antigo Testamento, a guarda do sábado era um preceito ou um mandamento rígido a ser observado pelos israelitas, pois Deus fizera "concerto perpétuo" com eles acerca do sábado e não com quaisquer outros povos (veja Êx 31.12-18). Vejamos o que diz o texto bíblico: "Falou mais o Senhor a Moisés, dizendo: Tu, pois, fala aos filhos de Israel, dizendo: Certamente guardareis meus sábados, porquanto isso é um sinal entre mim e vós nas vossas gerações; para que saibais que eu sou o Senhor, que vos santifica. Portanto, guardareis o sábado, porque santo é para vós; aquele que o profanar certamente morrerá; porque qualquer que nele fizer alguma obra, aquela alma será extirpada do meio do seu povo. Seis dias se fará obra, porém o sétimo dia é o sábado do descanso, santo ao Senhor; qualquer que no dia do sábado fizer obra, certamente morrerá. Guardarão, pois, o sábado os filhos de Israel, celebrando o sábado nas suas gerações por concerto perpétuo. Entre mim e os filhos de Israel será um sinal para sempre; porque em seis dias fez o Senhor os céus e a terra, e, ao sétimo dia, descansou, e restaurou-se. E deu a Moisés (quando acabou de falar com ele no monte Sinai) as duas tábuas do Testemunho, tábuas de pedra, escritas pelo dedo de Deus" (Êx 31.12-18 – grifo nosso).

Como podemos observar no texto citado, a guarda do sábado como preceito legal e prático, era um sinal entre Deus e o povo de Israel: "isso é um sinal entre mim e vós nas vossas gerações". A Bíblia não diz que é um "sinal" entre Deus e os brasileiros, os americanos, os africanos. Portanto, não faz sentido a doutrina adventista de que quem deixar de guardar o sábado estará transgredindo a lei do Senhor.

Quem profanasse o sábado deixando de observá-lo morreria: "porque santo é para vós; aquele que o profanar certamente morrerá". Imaginemos se Deus exigisse a guarda do sábado nos dias presentes para todos os povos? Talvez 90% da humanidade não mais existiria.

Quem deveria guardar o sábado ou quem deve guardá-lo em suas gerações? O texto fala por si: "Guardarão, pois, o sábado os filhos de Israel, celebrando o sábado nas suas gerações por concerto perpétuo. Entre mim e os filhos de Israel será um sinal para sempre". Devemos reconhecer o zelo dos adventistas na guarda do sábado ao longo dos séculos. Os mais zelosos não abrem suas empresas no dia do sábado, entretanto existem crentes pentecostais que deixam de ir aos cultos, não abrem mão nem sequer do domingo para ir à Escola Dominical.

O povo de Israel desobedeceu à lei do Senhor e pagou um alto preço. Desgraças e tragédias se abateram sobre eles ao longo de sua história. O cativeiro babilônico foi mais um dos terríveis juízos de Deus sobre a nação transgressora. Por causa misericórdia de Deus, foram libertos após os 70 anos de escravidão e puderam retornar a Jerusalém para a restauração da cidade.

No Novo Testamento, temos que entender que a guarda do sábado deve continuar em sua essência, ou seja, a necessidade do descanso físico e mental pelo menos um dia na semana, a fim de tenhamos uma qualidade de vida, tanto no serviço a Deus quanto na vida profissional. Jesus trabalhou no sábado pregando, curando e libertando os oprimidos. Passando pelas searas, num sábado, foi censurado pelos fariseus porque seus discípulos colheram espigas para comer.

"Naquele tempo, passou Jesus pelas searas, em um sábado; e os seus discípulos, tendo fome, começaram a colher espigas e a comer. E os fariseus, vendo isso, disseram-lhe: Eis que os teus discípulos fazem o que não é lícito fazer num sábado. Ou não tendes lido na lei que, aos sábados, os sacerdotes no templo violam o sábado e ficam sem culpa? Pois eu vos digo que está aqui quem é maior do que o templo. Mas, se vós soubésseis o que significa: Misericórdia quero e não sacrifício, não condenaríeis os inocentes. Porque o Filho do Homem até do sábado é Senhor" (Mt 12.1, 5-8; Lc 13.14; 14.3; Jo 5.16; 9.14).

O Cuidado com o Templo

O Templo — o centro da vida da nação. Naquele tempo, o Templo em Jerusalém era o centro e a referência da vida religiosa, moral e social. Do Templo partiam os ensinos, a doutrina e os padrões a serem obedecidos pelo povo de Deus. Aquele lugar não era apenas um edifício de pedras com uma bela arquitetura, era o lugar consagrado a Deus para o povo render-lhe culto. Quando o povo deixou de respeitar o lugar de adoração a Deus, foi porque o culto já não tinha mais relevância em suas vidas. Alguém, julgando-se superior em sua posição, diz que o que vale é o coração e que vale é ser fiel a Deus, e não ir ao templo ou à "igreja local". Há quem diga com muita presunção: "Não dou valor à 'placa de igreja'".

Tais raciocínios parecem lógicos, e soam muito bem aos ouvidos daqueles que não respeitam o lugar de adoração a Deus. Não devemos ter pelo templo qualquer sentimento de adoração ou mistificação, mas precisamos reconhecê-lo como lugar de reunião, louvor e de ensino da Palavra de Deus, isto é, temos de ter reverência durante o momento de culto. Tal visão tem respaldo bíblico, Davi disse: "Alegrei-me quando me disseram: Vamos à Casa do Senhor!" (Sl 122.1). Aqui Davi fazia referência ao Templo de pedras mesmo, mas para ele era uma alegria dirigir-se àquele lugar! Os judeus, após a restauração dos muros, tomaram a decisão de cuidar do Templo.

A contribuição com recursos pessoais. "Também sobre nós pusemos preceitos, impondo-nos cada ano a terça parte de um siclo, para o ministério da Casa do nosso Deus; para os pães da proposição, e para a contínua oferta de manjares, e para o contínuo holocausto dos sábados, das luas novas, e para as festas solenes, e para as coisas sagradas, e para os sacrifícios pelo pecado, para reconciliar a Israel, e para toda a obra da Casa do nosso Deus" (Ne 10.32, 33).

Um terço de um siclo. Além dos dízimos, que eram obrigatórios, os israelitas estabeleceram uma espécie de taxa de contribuição, no valor da "terça parte de um siclo" para a manutenção do "ministério da Casa do Senhor", no fabrico dos pães da proposição para as ofertas de manjares, para a organização das festas, para os sacrifícios pelo pecado e para todos os gastos necessários à manutenção do culto realizado no templo. Não se sabe precisar quanto seria o valor de um siclo, mas pesquisadores entendem que variava de lugar para lugar, numa média de 11,4 gramas. Se essa oferta fosse ouro ou prata, daria boa contribuição anual para o culto.

A oferta da lenha. Quando o povo está feliz com os trabalhos no templo, quando está satisfeito com os sacerdotes e feliz com o que parte do altar, surge um espírito voluntário de contribuições generosas. Não é necessário o líder fazer malabarismos, muitas vezes desonestos, para "arrancar" contribuições do povo, prometendo riqueza material, como fazem certos mercantilistas da fé em nossos dias. Se Deus abençoa, certamente o povo contribuirá como forma de gratidão pelas bênçãos recebidas, e não para receber bênçãos.

No caso dos judeus, no avivamento da restauração dos muros, o povo se uniu aos sacerdotes e os levitas para trazer outro tipo de contribuição: "Também lançamos as sortes entre os sacerdotes, levitas e o povo, acerca da *oferta da lenha* que se havia de trazer à Casa do nosso Deus, segundo as casas de nossos pais, a tempos determinados, de ano em ano, para se queimar sobre o altar do Senhor, nosso Deus, como está escrito na Lei" (Ne 10.34 – grifo nosso).

Eles, que tinham abandonado os sacrifícios a Deus, agora estavam preocupados até com a lenha que deveria ser queimada sobre o altar, "segundo a casa de nossos pais", ou seja, cada família deveria contribuir com a lenha para o altar da Casa do Senhor.

A oferta das primícias. Quando o povo está avivado, ele prioriza a casa de Deus. "E que também traríamos as primeiras novidades da nossa terra e todos os primeiros frutos de todas as árvores, de ano em ano, à Casa do Senhor" (Ne 10.35). Havia o preceito na Lei de Moisés de que os primeiros frutos da terra fossem consagrados ao Senhor: "Então, tomarás das primícias de todos os frutos da terra que trouxeres da tua terra, que te dá o Senhor, teu Deus, e as porás num cesto, e irás ao lugar que escolher o Senhor, teu Deus, para ali fazer habitar o seu nome" (Dt 26.2).

Por causa do descuido no serviço a Deus, se esqueceram desses detalhes do culto. Esse preceito era uma lembrança de que para Deus devemos oferecer, não resto, o que sobrar, mas "as primícias" de nossas rendas (Pv 3.9).

Dízimos e ofertas para a Casa do Senhor. Os dízimos que deveriam ser levados à Casa do Senhor eram a principal contribuição para a sua manutenção. Foram instituídos antes da lei, quando Abraão entregou o dízimo de tudo a Melquisedeque (Gn 14.19; Hb 7.4). A prática da entrega dos dízimos foi incluída na lei do Senhor para a manutenção do culto através dos levitas, do sumo-sacerdote (Nm 18.24; 18.28; Dt 12.6). Servia também para a assistência social (Dt 26.12; 2 Cr 31.6,12).

No concerto que fizeram com Deus, os judeus que participaram da restauração de Jerusalém incluíram a fidelidade no recolhimento dos dízimos. "E que as primícias da nossa massa, e *as nossas ofertas alçadas*, e o fruto de toda árvore, e o mosto, e o azeite traríamos aos sacerdotes, às câmaras da Casa do nosso Deus; *e os dízimos da nossa terra* aos levitas; e que *os levitas pagariam os dízimos* em todas as cidades da nossa lavoura; e que o sacerdote, filho de Arão, estaria com os levitas *quando os levitas recebessem os dízimos*, e que os levitas trariam *os dízimos dos dízimos* à Casa do nosso Deus, às câmaras da casa do tesouro" (Ne 10.37,38).

A entrega das ofertas alçadas (levantadas) e dos dízimos sempre foram alvo da atenção de Deus. Não pelo aspecto material, pois Deus é o dono de tudo (Sl 24.1), mas pelo sentido espiritual dessa entrega. Ofertas e dízimos representam de modo concreto, visível e palpável a expressão de corações agradecidos a Deus por tudo o que possuem. Crentes fiéis e agradecidos contribuem para a obra do Senhor com prazer. A Bíblia diz: "Cada um contribua segundo propôs no seu coração, não com tristeza ou por necessidade; porque Deus ama ao que dá com alegria" (2 Co 9.7). Entretanto, quando o povo se desviou e passou a viver em desacordo com a lei de Deus, deixou de contribuir com os dízimos e as ofertas. Deus, porém, repreende o povo no livro de Malaquias, veja a solene exortação: "Desde os dias de vossos pais, vos desviastes dos meus estatutos e não os guardastes; tornai vós para mim, e eu tornarei para vós, diz o Senhor dos Exércitos; mas vós dizeis: Em que havemos de tornar? Roubará o homem a Deus? Todavia, vós me roubais e dizeis: Em que te roubamos? Nos dízimos e nas ofertas alçadas. Com maldição sois amaldiçoados, porque me roubais a mim, vós, toda a nação" (Ml 3.7-9).

Em seguida, o Senhor exortou o povo infiel a obedecer à ordem de levar os dízimos à sua casa, dizendo: "Trazei todos os dízimos à casa do tesouro, para que haja mantimento na minha casa, e depois fazei prova de mim, diz o Senhor dos Exércitos, se eu não vos abrir as janelas do céu e não derramar sobre vós uma bênção tal, que dela vos advenha a maior abastança. E, por causa de vós, repreenderei o devorador, para que não vos consuma o fruto da terra; e a vide no campo não vos será estéril, diz o Senhor dos Exércitos. E todas as nações vos chamarão bem-aventurados; porque vós sereis uma terra deleitosa, diz o Senhor dos Exércitos" (Ml 3.10-12).

No Novo Testamento não há uma ênfase maior à contribuição com ofertas e dízimos, visto que já constituíam preceitos bem conhecidos dos judeus. Mas no Sermão da Montanha, Deus repreende os fariseus que entregavam o dízimo das coisas mínimas: "Ai de vós, escribas e fariseus, hipócritas! Pois que dais o dízimo da hortelã, do endro e do cominho e desprezais o mais importante da lei, o juízo, a misericórdia e a fé; deveis, porém, fazer essas coisas e não omitir aquelas" (Mt 23.23). Ou seja, Jesus ordenou que os fariseus procurassem valorizar a misericórdia e a fé, mas não se omitissem de entregar o dízimo. Quando o povo de Deus sente a sua presença através da sua Palavra, sente-se compelido a ter compromisso com seus mandamentos. E esse compromisso expressa-se em gestos concretos de arrependimento, amor e contribuição para a manutenção de sua casa e de sua obra. "Deus ama ao que dá com alegria". Contribuir com dízimos e ofertas não é uma obrigação, mas um privilégio e uma atitude inteligente, pois Deus promete bênçãos a quem ama a sua casa.

Reflexão

1. Que estímulo o povo sentiu após a restauração da cidade?
2. De acordo com o texto estudado, o que é liderança?
3. O que a Bíblia proíbe em 2 Coríntios 6.14? Namorar um descrente agrada a Deus?
4. Com que povo Deus fez "concerto perpétuo" para a guarda do sábado? Os cristãos de hoje são obrigados a guardar o sábado, de acordo com a Bíblia?

9

A FESTA DA DEDICAÇÃO DA OBRA

E sacrificaram, no mesmo dia, grandes sacrifícios e se alegraram, porque Deus os alegrara com grande alegria; e até as mulheres e os meninos se alegraram, de modo que a alegria de Jerusalém se ouviu até de longe. (Ne 12.43)

O povo de Deus é alegre, é o povo mais feliz da terra. O avivamento em Jerusalém transformou a cidade numa cidade festiva. Após as duras lutas e perseguições levantadas pelos inimigos da obra, chegara por fim o grande dia da inauguração e da dedicação dos muros restaurados. Por todos os lados havia cânticos, festejos e expressões de júbilo. A reconstrução dos muros, milagrosamente, durou apenas cinquenta e dois dias!

Foi uma obra de impacto, segundo a opinião dos habitantes de Jerusalém.[1] Cercada de muros largos e sólidos, a cidade permitiria que seus habitantes pudessem dormir tranquilos, pois em suas portas havia guardas de dia e de noite. As crianças podiam brincar nas ruas em frente às suas residências. Os idosos podiam sentar-se nas praças apoiados em seus cajados. Neemias e os demais líderes sentiam-se felizes e recompensados ao contemplarem a beleza arquitetônica e a fortaleza dos muros restaurados. Os que adentravam o Templo sentiam um clima espiritual muito diferente

[1] Hierosolimitano: adjetivo pátrio dos habitantes de Jerusalém.

do que experimentavam dias atrás quando a insegurança reinava pela cidade.

Após o avivamento, a atmosfera sentida nas ruas da cidade era plena de alegria. Os adolescentes e jovens sorriam e festejavam andando pelas ruas da "cidade santa". Em grupos, reunidos nas praças, podiam conversar, encetar amizades e desfrutar de um convívio saudável e estimulante para sonharem com seu futuro. Enfim, chegara o grande dia da festa da dedicação dos muros.

Com essas breves reflexões, sentimo-nos compelidos a imaginar o que ocorrerá quando a Igreja, a "Noiva do Cordeiro", formada não apenas pelos habitantes de Jerusalém, mas por milhões e milhões de salvos em todo o mundo, adentrar pelas portas da "Nova Jerusalém", a "Sião Celeste!" Sem dúvida, as lutas e tribulações sofridas na vida terrena nada significarão ante a beleza e a glória dos salvos e remidos por Cristo Jesus. Lá, veremos os muros que nunca foram derribados e que têm como fundamentos "os nomes dos doze apóstolos do Cordeiro" (Ap 21.14). O Apocalipse diz: "E tinha um grande e alto muro com doze portas, e, nas portas, doze anjos, e nomes escritos sobre elas, que são os nomes das doze tribos de Israel" (Ap 21.12). Será uma festa infinitamente mais gloriosa que a da dedicação dos muros no tempo de Neemias.

Relembrando os Antecessores

Os que vieram com Zorobabel. Segundo a História, Zorobabel foi o líder da primeira leva de judeus que voltaram do cativeiro, no ano 538 a.C., ou seja, 94 anos antes de Neemias. Não obstante, haver se passado tanto tempo, ele dá exemplo de humildade e reconhece os que foram seus antecessores. Relembra o papel de Zorobabel e dos demais líderes durante responsáveis pela reconstrução de Jerusalém (Ne 12.2), incluindo o nome de Esdras, o sacerdote, que completou a reconstrução do Templo, no ano de 516 a.C.[2] Lembra-se dos sacerdotes no tempo do rei Joaquim (Ne 12.12). Também faz referência aos levitas no tempo do sacerdote Eliasibe, no reinado de Dario (Ne 12.22).

---

[2] Rick WARREN. *Liderança com propósitos*, p. 17.

Devemos reconhecer os obreiros antigos. Nos dias atuais há uma tendência dos mais novos de se esquecer dos obreiros mais antigos. Por vezes, quando os antigos obreiros são recolhidos pelo Senhor, suas famílias são desprezadas. Observamos um caso em que um obreiro renomado que doou toda a sua vida em prol da obra do Senhor abrindo igrejas, desbravando campos de evangelização em nosso país, ao falecer, a nova diretoria da igreja pressionou a viúva a deixar a casa pastoral. E esse não é o único caso. Há outros que não temos interesse em relatar. A Bíblia declara que devemos ser agradecidos (Cl 3.15) e que precisamos reconhecer o trabalho daqueles que trabalham entre nós (1 Ts 5.12).

Ministérios Restaurados

O ministério sacerdotal. Era o ministério dos líderes espirituais do povo de Deus (Ne 12.1). Embora haja divergências de estudiosos a respeito do assunto, havia três tipos de sacerdócio: o sumo sacerdote, os sacerdotes comuns e os levitas. Os sacerdotes tinham que ser descendentes de Arão. Os levitas descendiam de Levi. Segundo Champlin, todos os sacerdotes eram levitas, porém, nem todos os levitas eram sacerdotes.[3] Dentre os sacerdotes, só havia um que podia ser sumo sacerdote.

Deus queria que Israel fosse uma nação santa, "um reino sacerdotal" (Êx 19.6). Assim, Deus "nomeou a Aarão e seus filhos para constituírem o sacerdócio. A vocação sacerdotal era hereditária, de modo que os sacerdotes podiam transmitir a seus filhos as leis de maneira detalhada com o culto e com as numerosas regras às quais os sacerdotes viviam sujeitos, a fim de manterem a pureza legal que lhes permitisse aproximar-se de Deus".[4]

As funções dos sacerdotes. No avivamento da restauração dos muros, o povo passou a conhecer o que os sacerdotes faziam. Eles tinham como tarefas básicas:

1. Servir como intercessores entre o povo e Deus, e participar dos sacrifícios pelos pecados visando à reconciliação com o Senhor.

---

[3] R.N. CHAMPLIN. *O antigo testamento interpretado, versículo por versículo,* Vol. 7, p. 5201.

[4] Paul HOFF. *O Pentateuco*, p. 165,166.

2. Consultar a Deus pelo povo, buscando discernir a vontade do Senhor (Dt 33.8; Nm 27.21).

3. Atuar como mestres e intérpretes da lei (Lv 10.11; Ez 44.23).

O sumo sacerdote era consagrado de modo especial para ser líder sobre os demais sacerdotes. "Era o sacerdote mais importante."[5] Arão foi ungido e consagrado com seus filhos (Êx 29.10,20,21). Só ele podia entrar no santo dos santos no Tabernáculo ou no Templo, e oferecia sacrifício por si e pelo povo uma vez por ano no Dia da Expiação (Lv 16.11,15-17). Somente ele podia usar o peitoral onde estavam escritos todos os nomes das tribos de Israel, a fim de que não se esquecesse de orar por elas. Ele agia como intercessor diante de Deus por toda a nação. Tinha que ser um homem santo, inclusive sem defeito físico (Lv 21.16-21). O sumo sacerdote era um tipo de Cristo, nosso sumo sacerdote perfeito (Hb 2.17).

Dentre os sacerdotes comuns, havia os que trabalhavam dentro do recinto do Templo. Suas funções eram as de oferecer o incenso (Êx 30.7), acender as lâmpadas do castiçal e a disposição dos pães da proposição no lugar santo (2 Cr 13.11). "Estes são os nomes dos filhos de Arão, dos sacerdotes ungidos, cujas mãos foram sagradas para administrar o sacerdócio" (Nm 3.3).

O ministério dos levitas. Os levitas eram sacerdotes auxiliares que trabalhavam fora do Templo, cooperando com os sacerdotes internos na preparação e oferecimento dos sacrifícios e na administração do santuário. "Mas, tu, põe os levitas sobre o tabernáculo do Testemunho, e sobre todos os seus utensílios, e sobre tudo o que lhe pertence; eles levarão o tabernáculo e todos os seus utensílios; e eles o administrarão e assentarão o seu arraial ao redor do tabernáculo" (Nm 1.50; 51-53; 8.19). Eles serviam como "resgate" de todos os primogênitos (Nm 8.18). "Os levitas eram os ajudantes dos sacerdotes... assistiam os sacerdotes em seus deveres, transportavam o Tabernáculo e cuidavam dele".[6]

Neemias restaura os ministérios na Casa do senhor. Além de restabelecer e dar apoio ao ministério sacerdotal, Neemias restabeleceu e pôs em funcionamento o ministério dos levitas. Além de

---

[5] Ibid., p. 166.

[6] Paul HOFF. *O Pentateuco*, p. 166.

cuidar dos utensílios do Tabernáculo, também tinham a importante função de liderar, organizar e dirigir os louvores (Ne 12.8, 27). Devemos orar a Deus para que nos dias presentes os ministérios que servem na Igreja do Senhor Jesus Cristo, nas igrejas locais, sejam identificados como ministérios de homens e mulheres de Deus.

Se necessário, devem ser restaurados os ministérios prejudicados pela ação dos inimigos da Igreja. A influência mundana tem levado ministros evangélicos a dar mau testemunho, escandalizando a Igreja do Senhor. Hoje há muitos que se dizem levitas por cantarem nas igrejas, contudo, não querem submeter-se aos seus líderes, que são os pastores e dirigentes.

A Dedicação dos Muros Restaurados

A participação dos levitas. "E, na dedicação dos muros de Jerusalém, buscaram os levitas de todos os seus lugares, para os trazerem, a fim de fazerem a dedicação com alegria, louvores, canto, saltérios, alaúdes e harpas" (Ne 12.27). Era muito importante a participação dos levitas, pois, como foi observado em parágrafos anteriores, eles tinham destaque em seu trabalho junto aos sacerdotes e junto ao povo na realização dos sacrifícios e do culto de adoração a Deus.

Os diáconos de hoje podem ser considerados "levitas" na igreja local. Como a palavra diácono, de origem grega, significa "servo", os obreiros que atuam no ministério diaconal podem ser vistos como obreiros auxiliares dos pastores ou líderes das igrejas e congregações. O ministério dos diáconos foi instituído em Atos 6 para atender às necessidades sociais da Igreja Primitiva, que crescia admiravelmente, e com o crescimento vinham os problemas de todos os tipos. Para tanto, os apóstolos reuniram a assembleia para escolher homens que cuidassem das "mesas" ou da parte social.

A participação dos cantores. "E se ajuntaram os filhos dos cantores, tanto da campina dos arredores de Jerusalém como das aldeias de Netofa, como também da casa de Gilgal e dos campos de Gibeá e Azmavete; porque os cantores tinham edificado para si aldeias nos arredores de Jerusalém" (Ne 12.28,29). Numa ocasião como aquela, em que não podia faltar o cântico, o louvor e a adoração, era indispensável a participação dos levitas.

No tempo de Davi, os levitas cantores tiveram grande apoio. "E disse Davi aos príncipes dos levitas que constituíssem a seus irmãos, os cantores, com instrumentos músicos, com alaúdes, harpas e címbalos, para que se fizessem ouvir, levantando a voz com alegria" (1 Cr 15.16; 2 Cr 5.12). Eram músicos e cantores que contribuíam para a adoração a Deus. Nos tempos de Esdras, havia duzentos cantores e cantoras (Ed 2.65). Na época de Neemias, havia 148 cantores, filhos de Asafe (Ne 7.44) e mais 245 outros cantores e cantoras que louvavam a Deus (Ne 7.67).

Em nossas igrejas o louvor é muito importante. Grupos de louvor, corais, bandas de música, grupos instrumentais e orquestras, simples, filarmônicas e sinfônicas, são grupos musicais que abrilhantam o culto no dia a dia e nas reuniões solenes de adoração ao Senhor. Há os cantores e cantoras, que emprestam sua voz e talentos, dados por Deus, para exaltar e glorificar o nome do Senhor, nos cultos normais, nas igrejas, e nos grandes eventos e nas comemorações festivas.

Nessa área do louvor, infelizmente, há muitas distorções. Um verdadeiro mercantilismo vil tem prejudicado a adoração a Deus. Há cantores que se transformaram em mercadores do louvor. Só cantam se receberem polpudos "cachês", de acordo com a procura e a oferta pelos "artistas" gospel. Hoje, há muitos que se dizem levitas, mas não querem submeter-se aos sacerdotes líderes, que são os pastores e dirigentes, nas igrejas. Boa parte deles não tem pastor. Tem empresários.

A Purificação Necessária

A purificação dos sacerdotes. "E purificaram-se os sacerdotes e os levitas..." (Ne 12.30a). Os sacerdotes, descendentes de Arão, e os levitas, da tribo de Levi, estavam à frente das festividades da dedicação dos muros restaurados, eles deveriam ser o exemplo. Liderança não é *status*, não é apenas posição hierárquica; é, acima de tudo, exemplo. Jesus foi o exemplo de um líder perfeito em seu ministério: "Porque eu vos dei o exemplo, para que, como eu vos fiz, façais vós também" (Jo 13.15). Paulo exortou o povo a imitá-lo por ser imitador de Cristo (1 Co 11.1). Pedro diz que o obreiro deve cuidar do rebanho do Senhor Jesus "servindo de exemplo" (1 Pe 5.3).

O povo ficou feliz em ver que seus líderes Neemias e Esdras davam o exemplo. Não apenas conclamavam o povo para que se purificassem, a fim de que a dedicação dos muros tivesse a aprovação de Deus, mas eles mesmos se purificaram. Essa purificação incluía a santificação do corpo, a abstenção de certas práticas e o oferecimento de sacrifícios pelos pecados.

Durante todo o tempo Deus exigia pureza de seu povo. No Novo Testamento, a doutrina da santificação continua a ser relevante na vida dos servos de Cristo. Como exemplo disso, vemos o que o Mestre ensinou acerca da pureza sexual. A pureza exigida, na igreja de Cristo, não é apenas externa, cerimonial, mas deve começar no interior. "Na lei, estava escrito: 'Ouviste o que foi dito aos antigos: Não cometerás adultério' (Mt 5.27). O adultério só era realmente condenado se fosse realizado o ato sexual mediante a conjunção carnal. Não havia uma regra escrita de modo claro e inconfundível quanto aos pensamentos lascivos, sensuais, pecaminosos em relação à prática sexual".

Diante disso, Jesus ensinou de maneira explícita acerca do aspecto interior e espiritual em relação à infidelidade, mesmo que esta não se materializasse numa união ilícita, ao dizer: "Eu porém, vos digo que qualquer que atentar numa mulher para a cobiçar já em seu coração cometeu adultério com ela" (Mt 5.28). A exigência é muito mais séria no Novo Testamento. Cristo não apenas condena o ato, mas os pensamentos impuros, as fantasias sexuais envolvendo uma pessoa que não é o cônjuge do transgressor. É condenado o "adultério mental". O décimo mandamento reforça essa ideia (Êx 20.17; Dt 5.21)".[7]

A purificação do povo. "... e logo purificaram o povo" (Ne 12.30b). A festa da dedicação tornara-se o maior evento religioso, espiritual e cultural para aquela comunidade ao longo de quase um século! Durante o cativeiro, não havia razão para festas e, sim, para pranto e tristeza. Entretanto, após o retorno à liberdade, a profecia

[7] Elinaldo Renovato DE LIMA. *Ética cristã*, p. 35.

de Jeremias tornou-se realidade: "Então, a virgem se alegrará na dança, e também os jovens e os velhos; e tornarei o seu pranto em alegria, e os consolarei, e transformarei em regozijo a sua tristeza" (Jr 31.13).[8]

O povo estava feliz e os líderes estavam felizes, mas de nada adiantaria sentirem-se felizes se estivessem impuros diante de Deus. Quando Moisés estava com Deus no monte, lá embaixo, ao pé do monte, o povo estava cantando, dançando e adorando o bezerro de ouro (Êx 32.4-7). Foi uma alegria carnal e diabólica que resultou em condenação e morte de milhares de pessoas. Contudo, na dedicação dos muros ninguém foi condenado, ninguém morreu. O povo se purificou seguindo o exemplo dos líderes, sacerdotes e levitas.

Nos dias atuais, o povo de Deus não pode ser diferente no que diz respeito à santificação. Jesus "... se deu a si mesmo por nós, para nos remir de toda iniquidade e purificar para si um povo seu especial, zeloso de boas obras" (Tt 2.14). O apóstolo Pedro, ao citar um preceito do Antigo Testamento, exortou: "como filhos obedientes, não vos conformando com as concupiscências que antes havia em vossa ignorância; mas, como é santo aquele que vos chamou, sede vós também santos em toda a vossa maneira de viver, porquanto escrito está: Sede santos, porque eu sou santo" (1 Pe 1.14-16).

A purificação das portas e do muro. "E purificaram... as portas, e o muro" (Ne 12.30c). Se isso acontecesse em nossos dias, talvez fosse considerado um exagero pensar na purificação de coisas materiais, como portas e muros. Mas no contexto histórico e religioso daquela época, fazia parte da vida do povo a purificação de objetos. "Ungirás também o altar do holocausto e a todos os seus utensílios e santificarás o altar; e o altar será uma coisa santíssima" (Êx 40.9,10; 30.26).

Aquelas portas foram tão profanadas, queimadas e destruídas que o povo sentiu necessidade de ungi-las. Da mesma forma, os muros, cujas ruínas eram o símbolo da vergonha nacional, após a sua restauração tornaram-se símbolo da união, do esforço e da bênção

[8] No Oriente, era costume se expressar a alegria através de cânticos e danças no contexto do Antigo Testamento. No culto neotestamentário, não há referência a danças.

de Deus sobre a nação. A unção era um ato de consagração de tudo o que ofereciam a Deus.

Os Grandes Cortejos da Dedicação

O primeiro grande cortejo. Além de ser um grande líder e um administrador competente, Neemias era polivalente. Ele mesmo organizou o cerimonial da grande festa da dedicação dos muros. Na sua visão, as comemorações não poderiam ser simples reuniões. Teriam que ser grandiosas e marcantes na história de seu povo, que durante tantos anos só vira humilhações e desprezo. Assim, determinou que fossem organizados dois grandes cortejos.

O primeiro seria uma grande procissão, tendo à frente um grande coral. "Então, fiz subir os príncipes de Judá sobre o muro e ordenei dois grandes coros e procissões, sendo um à mão direita sobre o muro da banda da Porta do Monturo. E, após eles, ia Hosaías, e a metade dos príncipes de Judá, e Azarias, Esdras, Mesulão, Judá, Benjamim, Semaías e Jeremias; ... e Esdras, o escriba, ia adiante deles" (Ne 12.31-34,36b). Embora o texto não pareça muito claro, dá a entender que Esdras liderava o primeiro cortejo. Esse cortejo partiu da Porta do Monturo e se dirigiu ao Templo no sentido anti-horário.

Dá para imaginar quanto trabalho Neemias teve para organizar aquela multidão. Hoje, em ocasiões semelhantes, na inauguração de templos, se percebe como os organizadores enfrentam dificuldades mesmo com toda a técnica cerimonial e logística disponível. Como deve ter sido difícil preparar e executar as festividades da dedicação dos muros.

Além do primeiro grande coral, havia os músicos que deveriam saber onde se posicionar no roteiro do cerimonial. "... e dos filhos dos sacerdotes, com trombetas: Zacarias, filho de Jônatas, filho de Semaías, filho de Matanias, filho de Micaías, filho de Zacur, filho de Asafe e seus irmãos, Semaías, Azarel, Milalai, Gilalai, Maai, Netanel, Judá e Hanani, com os instrumentos músicos de Davi, homem de Deus; e Esdras, o escriba, ia adiante deles" (Ne 12.35,36).

O segundo grande cortejo. Com grande senso de organização do evento, Neemias liderou o segundo cortejo, que saiu da Torre dos fornos e se dirigiu ao Templo no sentido horário até encontrar-se com o primeiro cortejo. "E o segundo coro ia em frente, e eu, após ele; e a metade do povo ia sobre o muro, desde a Torre dos Fornos até à Muralha Larga; e desde a Porta de Efraim, e desde a Porta Velha, e desde a Porta do Peixe e a Torre de Hananel e a Torre de Meá até à Porta do Gado; e pararam à Porta da Prisão (Ne 12.38,39).

Os dois grandes corais, que iam à frente das grandes procissões, encontraram-se diante do Templo de Jerusalém. "Então, ambos os coros pararam na Casa de Deus, como também eu e a metade dos magistrados comigo" (Ne 12.40). O primeiro tinha à frente Esdras e o segundo, Neemias. Dando apoio ao segundo cortejo, os cantores tinham a liderança do maestro Jezraías, acompanhados de sacerdotes músicos. "E os sacerdotes Eliaquim, Maaseias, Miniamim, Micaías, Elioenai, Zacarias e Hananias iam com trombetas, como também Maaseias, e Semaías, e Eleazar, e Uzi, e Joanã, e Malquias, e Elão, e Ezer; e faziam-se ouvir os cantores, juntamente com Jezraías, o superintendente" (Ne 12.41,42).

Após a conclusão dos muros de Jerusalém na administração de Neemias, foram realizadas muitas comemorações. Na dedicação propriamente dita, da obra, houve festas de grande repercussão não só para a nação israelita, mas até para os povos em seu redor. Os inimigos do povo de Deus ficaram atônitos. Sambalate, Gesém, Tobias e seus aliados ficaram sem ânimo e sem forças para combater os judeus. Eles viam a prova cabal de que eles eram realmente o povo de Deus. Alegria, júbilo e adoração foram a tônica dos festejos liderados por Neemias em louvor a Deus.

Reflexão

1. Conforme o capítulo lido, o que era o ministério sacerdotal? Quem são os sacerdotes, nos dias atuais, na igreja local? (Veja 1 Pe 2.9).
2. Que tipo de reino Deus queria para Israel? Por que Ele não manteve o seu plano?
3. Qual o sacerdote que podia entrar no "santo dos santos?" Hoje, podemos entrar no "santo dos santos?"
4. Quem primeiro foi purificado para a festa da dedicação?

10

CORRIGINDO ABUSOS NA CASA DO SENHOR

E vim a Jerusalém e compreendi o mal que Eliasibe fizera para beneficiar a Tobias, fazendo-lhe uma câmara nos pátios da Casa de Deus. (Ne 13.7)

Quando os líderes cometem abusos na casa de Deus, a obra do Senhor é prejudicada e o povo perde a confiança e fica desanimado para cooperar. Na ausência de Neemias, durante doze longos anos, os líderes espirituais e administrativos da nação enveredaram-se para práticas e atos desonestos, corrompendo-se grandemente. O próprio sacerdote, que deveria ser o primeiro a dar o bom exemplo ao povo, se deixou levar por interesses pessoais e familiares, e usou e abusou de sua autoridade.

Os prejuízos sobre a vida espiritual e moral do povo foi além do que se poderia imaginar. Somente com o retorno do homem de Deus, Neemias, medidas drásticas foram tomadas para corrigir os abusos cometidos pelos líderes da cidade. Que tais fatos bíblicos sirvam de alerta para os obreiros do Senhor, de modo que não se deixem levar pelos laços familiares, políticos ou de outra ordem na administração dos bens espirituais e materiais na casa do Senhor.

Em nosso país, sabemos de casos de obreiros e líderes de igrejas que têm se apropriado de recursos destinados ao tesouro da casa do

Senhor. Recursos oriundos de dízimos e ofertas daqueles que confiam na retidão dos que estão à frente de igrejas locais. Tal comportamento é devastador para a fé e a confiança de tantos que, com sacrifício, deixam de pagar suas dívidas ou adiam pagamentos para serem fiéis na contribuição financeira para o Reino de Deus.

Em um determinado Estado, o líder escriturava os imóveis, terrenos e templos em seu próprio nome. Quando foi disciplinado pelo ministério por ter caído em pecado, achou que os templos e os terrenos lhe pertenciam, pois estavam registrados em seu nome, mas, na verdade, foram adquiridos com as contribuições dos fiéis. Isso é corrupção, descalabro moral, além de pecado gravíssimo diante de Deus. A pessoa que deixa de devolver seu dízimo, à luz do Antigo Testamento, é considerada um ladrão; agora, pense em quem rouba os dízimos que são entregues para o tesouro da igreja local, para manutenção da obra do Senhor? Que guardemos o exemplo de lisura, honradez e fidelidade de Neemias no trato com os recursos materiais da igreja que nos é confiada.

A Restauração dos Ministérios na Casa do Senhor

Restaurando as finanças. Como vimos, durante o tempo da restauração dos muros de Jerusalém, o Templo já estava construído, desde o tempo de Esdras, o escriba e sacerdote (Ed 3.8-13). Catorze anos depois, Neemias foi comissionado por Deus para efetuar a restauração dos muros (444 a.C.). Com a conclusão das obras, e a cidade protegida, chegara o momento de recomeçar a vida espiritual e administrativa da Cidade Santa.

"Do Senhor é a terra e a sua plenitude, o mundo e aqueles que nele habitam" (Sl 24.1; At 17.25). Mas a sua obra na terra executada por seus servos necessita de recursos materiais, especialmente de recursos financeiros. Na construção do Templo foram projetadas instalações apropriadas para servirem como o tesouro da casa do Senhor. E a execução desses projetos exigia recursos financeiros para a aquisição dos materiais e o pagamento da mão-de-obra. Contudo, lidar com recursos financeiros é uma atividade complexa. É necessário competência para administrar o dinheiro a fim de que não se caia na "síndrome de Judas", o tesoureiro do grupo apostólico. Quando viu que as ofertas aumentavam, tornou-se ladrão.

Neemias restaurou a administração financeira do Templo e não a entregou a seus parentes ou amigos, ou simplesmente pessoas do povo visando a interesses pessoais ou de grupos. O texto declara: "Também, no mesmo dia, se nomearam homens sobre as câmaras, para os tesouros, para as ofertas alçadas, para as primícias e para os dízimos, para ajuntarem nelas, das terras das cidades, as porções designadas pela Lei para os sacerdotes e para os levitas; porque Judá estava alegre por causa dos sacerdotes e dos levitas que assistiam ali" (Ne 12.44). Foram "nomeados homens" para cuidar dos depósitos e dos tesouros da casa do Senhor. Um tesoureiro ladrão é como uma raposa no galinheiro. Ele pode roubar os dízimos e as ofertas da casa do Senhor.

De onde provêm os recursos da igreja. Não provêm de governos ou de organizações financeiras. Toda vez que algum obreiro resolve conseguir dinheiro para a igreja em fontes estranhas ao que a Bíblia recomenda, acarreta problemas para o seu ministério e para os irmãos. Deus nos guarde de vermos igrejas envolvidas com "lavagem" de dinheiro, tráfico de drogas ou quaisquer outras práticas corruptas abomináveis aos olhos de Deus.

É detestável que algum obreiro, usando o dinheiro dos dízimos e ofertas, se locuplete adquirindo bens em seu próprio nome, exceto com aquilo que a igreja lhe gratifica. O mais lamentável é o líder desviar dinheiro da igreja local para sua conta bancária particular. É simplesmente vergonhoso. É corrupção. Só há duas fontes legítimas de recursos na igreja local: "dízimos e ofertas". Não deve haver rifas, bingos e outros arranjos. O povo deve ser ensinado a contribuir por amor e por fé para a obra do Senhor.

Não é errado a igreja local receber recursos que sejam oferecidos pelo Poder Público para obras sociais ou mesmo para a melhoria do patrimônio, desde que isso não implique compromisso político ou de outra ordem. Afinal, se há subvenções para centros espíritas, terreiros de macumba, creches, hospitais e outras instituições é perfeitamente aceitável e admissível que instituições sociais vinculadas à igreja local beneficiem-se de subsídios governamentais.

No entanto, o rigor no uso desses recursos deve ser redobrado, e a prestação de contas deve ser exemplar. Os cristãos também são cidadãos do país; logo, pagam seus impostos e taxas que servem para o bem comum. É preciso saber separar "o joio do trigo" nesse aspecto. O que não se deve aceitar é a concessão de recursos públicos para as atividades-fim da igreja: evangelização, ensino, adoração, louvor, etc.[1]

O povo alegre com os administradores. O povo passou a contribuir com satisfação para a obra do Senhor, pois havia confiança nos administradores. Eis o motivo: "porque Judá estava alegre por causa dos sacerdotes e dos levitas que assistiam ali" (Ne 12.44c). O maior estímulo para a contribuição com dízimos e ofertas é a confiança naqueles que administram, sobretudo se os membros percebem que sua contribuição é administrada com zelo e honestidade para as prioridades visíveis da igreja. É muito triste, no entanto, quando algum obreiro enriquece às custas dos recursos da igreja.

O ministério do cântico restaurado. Neemias sabia o valor da adoração com hinos e com cânticos de louvor a Deus, por isso decidiu restituir os cantores às suas funções: "... como também os cantores e porteiros, conforme o mandado de Davi e de seu filho Salomão. Porque, já nos dias de Davi e de Asafe, desde a antiguidade, havia chefes dos cantores, e cânticos de louvores, e ação de graças a Deus. Pelo que todo o Israel, já nos dias de Zorobabel e nos dias de Neemias, dava as porções dos cantores e dos porteiros, a cada um no seu dia; e santificavam as porções para os levitas, e os levitas santificavam para os filhos de Arão" (Ne 12.45-47).

Os cantores eram mantidos pelo tesouro. Os cantores, na categoria de levitas (2 Cr 7.6), eram mantidos pelo tesouro da casa do Senhor. Por isso, não podiam ter patrimônio, rendas ou lucros.

"E eis que aos filhos de Levi tenho dado todos os dízimos em Israel por herança, pelo seu ministério que exercem, o ministério da tenda da congregação. E nunca mais os filhos de Israel se chegarão à tenda da congregação, para que não levem sobre si o pecado e morram. Mas os levitas administrarão o ministério da tenda da congregação e eles levarão sobre si a sua iniquidade; pelas vossas gerações estatuto perpétuo será; e no meio dos filhos de Israel nenhuma herança herdarão. Porque

[1] Elinaldo Renovato DE LIMA. *Ética cristã*, p. 171.

os dízimos dos filhos de Israel, que oferecerem ao Senhor em oferta alçada, tenho dado por herança aos levitas; porquanto eu lhes disse: No meio dos filhos de Israel nenhuma herança herdareis. E falou o Senhor a Moisés, dizendo: Também falarás aos levitas e dir-lhes-ás: Quando receberdes os dízimos dos filhos de Israel, que eu deles vos tenho dado em vossa herança, deles oferecereis uma oferta alçada ao Senhor: o dízimo dos dízimos" (Nm 18.21-26).

Interessante é notar que, nos dias atuais, muitos cantores se autodenominam "levitas". É uma analogia até certo ponto apropriada, mas, infelizmente, muitos "levitas" modernos tornaram-se ricos às custas da venda dos talentos concedidos por Deus, e assim adquirem patrimônio milionário. Por conta disso, não podem ser chamados de levitas.

Um sacrifício de louvor. O verdadeiro louvor que agrada a Deus é considerado um autêntico sacrifício. A Bíblia refere-se ao louvor como um "sacrifício". Três textos bíblicos fazem menção ao louvor como sacrifício: 1) "Oferece a Deus sacrifício de louvor e paga ao Altíssimo os teus votos" (Sl 50.14); 2) "Aquele que oferece sacrifício de louvor me glorificará; e àquele que bem ordena o seu caminho eu mostrarei a salvação de Deus" (Sl 50.23); "Portanto, ofereçamos sempre, por ele, a Deus sacrifício de louvor, isto é, o fruto dos lábios que confessam o seu nome" (Hb 13.15).

Se observarmos o que está acontecendo com o louvor no meio evangélico, concluiremos que não há sacrifício algum quando cantores "viram celebridades" e só cantam visando ao lucro, além de desfrutarem de algumas mordomias dignas de milionários capitalistas. Esse mesmo comportamento tem contaminado pastores, evangelistas ou pregadores. Há obreiros que entraram no mercantilismo da fé, só pregam por dinheiro.

Que "sacrifício" há quando para pregar ou para cantar os "levitas" exigem cachês elevados, hotéis de luxo e mordomias típicas de marajás? Por outro lado, não é justo convidarmos alguns obreiros para determinados eventos e não reconhecermos o seu trabalho. É dever de quem convida cantores, grupos de louvor ou pregadores retribuir de modo adequado, mas isso deve ser feito sem que se comprometa os tesouros da casa do Senhor.

O Ministério Contaminado

O sacerdote aparentado com o ímpio. Neste comentário conhecemos quem foi Tobias, o amonita. Foi um dos maiores inimigos de Israel, um incircunciso, aliado de Sambalate na oposição sistemática a Neemias e a todos os líderes da restauração dos muros da cidade santa (Ne 2.10,19). Na ausência de Neemias, durante os anos em que ele retornou à Babilônia, para estar um tempo com o rei Artaxerxes, coisas estranhas tiveram lugar entre o povo de Deus. A começar pelo líder espiritual.

O sacerdote Eliasibe, em vez de preservar a boa ordem na Casa de Deus, passou a compactuar com os desmandos ministeriais e administrativos na vida religiosa e no Templo. Diz o texto: "Ora, antes disso, Eliasibe, sacerdote, que presidia sobre a câmara da Casa do nosso Deus, se tinha aparentado com Tobias" (Ne 13.4). Esse adversário do povo escolhido casara-se com uma mulher da família de Eliasibe, dando um péssimo exemplo, especialmente para os jovens que aspiravam ao casamento.

Sabemos do prejuízo moral que ocorre na igreja local quando o líder não dá bom testemunho e é o primeiro a transgredir as normas estabelecidas. O líder deve ser o exemplo para os seus liderados. Diz Pedro aos presbíteros que dirigem igrejas locais: "Aos presbíteros que estão entre vós, admoesto eu, que sou também presbítero com eles, e testemunha das aflições de Cristo, e participante da glória que se há de revelar: apascentai o rebanho de Deus que está entre vós, tendo cuidado dele, não por força, mas voluntariamente; nem por torpe ganância, mas de ânimo pronto; nem como tendo domínio sobre a herança de Deus, mas servindo de exemplo ao rebanho" (1 Pe 5.1-3 – grifo nosso).

Privilégios abusivos. Abusando do poder e da autoridade do cargo sacerdotal, Eliasibe, além de aparentar-se com Tobias, ainda o acolheu nas dependências do Templo em Jerusalém, profanando o ambiente consagrado a Deus. Se os amonitas por ordem de Deus não podiam entrar na casa do Senhor, o que dizer de um dos líderes da oposição de nacionalidade amonita ter um lugar especial no Templo? O relato de Neemias diz: "... e fizera-lhe uma câmara grande, onde dantes se metiam as ofertas de manjares, o incenso, os utensílios e os dízimos do grão, do mosto e do azeite, que se ordenaram para os levitas, e cantores, e porteiros, como também a oferta alçada para os sacerdotes" (Ne 13.5).

Enquanto os levitas, sacerdotes auxiliares, cantores e outros obreiros tinham que morar nos arredores de Jerusalém em suas aldeias e distritos, o sacerdote, atendendo os interesses familiares, passou a fazer uso indevido das câmaras santas onde se guardavam as ofertas, o incenso e os utensílios usados para a ministração do culto e dos sacrifícios a Deus. No lugar onde se guardavam os dízimos, tal como cereais e outros itens, Eliasibe preparou "uma câmara grande" para a moradia de Tobias.

Esse tipo de comportamento nepotista ainda existe em alguns lugares. Bens e patrimônio da Casa do Senhor são desviados para uso de familiares de certos líderes que se julgam donos dos bens pertencentes à igreja local. Sabemos de casos escabrosos em que pastores se apropriaram indevidamente de prédios, terrenos e templos, registrando-os em seu próprio nome ou de familiares. A maneira como o líder administra o dinheiro é prova concreta da sua fidelidade. Se ele se deixar levar pela cobiça nesse assunto, vai fracassar. Paulo advertiu bem a esse respeito: "Mas os que querem ser ricos caem em tentação, e em laço, e em muitas concupiscências loucas e nocivas, que submergem os homens na perdição e ruína. Porque o amor do dinheiro é a raiz de toda espécie de males; e nessa cobiça alguns se desviaram da fé e se traspassaram a si mesmos com muitas dores. Mas tu, ó homem de Deus, foge destas coisas e segue a justiça, a piedade, a fé, a caridade, a paciência, a mansidão" (1 Tm 6.9-11).

O líder cristão deve ser exemplo na administração dos bens materiais da igreja local. Deve ser um mordomo, um "servo fiel e prudente que o Senhor constituiu sobre a sua casa para dar o sustento a seu tempo... Bem-aventurado aquele servo que o Senhor, quando vier, achar servindo assim. Em verdade vos digo que o porá sobre todos os seus bens" (Mt 24.45-47).

A Justa Indignação do Homem de Deus

A revolta de Neemias. O líder cristão não deve ser uma pessoa temperamental movida pelo desequilíbrio emocional. É nas horas difíceis de afronta, abuso e agressão no ministério que o servo de Deus deve mostrar o seu equilíbrio. Para isso, é necessário desenvolver o fruto do Espírito da "temperança" e domínio próprio (Gl 5.22). O livro de Provérbios nos declara: "Melhor é o longânimo do que o valente, e o que governa o seu espírito do que o que toma uma cidade" (Pv 16.32).

Contudo, há ocasiões em que se torna necessária uma atitude mais firme contra os abusos na Casa de Deus. Na época de Neemias, agir como ele agiu contra os privilégios concedidos a Tobias foi plenamente justificável e compreensível. "E vim a Jerusalém e compreendi o mal que Eliasibe fizera para beneficiar a Tobias, fazendo-lhe uma câmara nos pátios da Casa de Deus, o que muito me desagradou; de sorte que lancei todos os móveis da casa de Tobias fora da câmara" (Ne 13.7,8).

Foi algo impensável e injustificável sob qualquer pretexto ou lógica. O sacerdote Eliasibe, além de permitir o uso indevido das câmaras ou depósitos destinados à guarda dos utensílios e dos dízimos, construiu um aposento especial para um dos maiores inimigos da restauração. Neemias, talvez um homem de temperamento sanguíneo, mas equilibrado, não se conteve e, usando sua autoridade, não pediu permissão a ninguém, e lançou "todos os móveis de Tobias fora da câmara".

Deve ter sido um espetáculo bastante constrangedor para todos os envolvidos. O sacerdote, indignado, usou sua força física e lançou fora os bens do falso e perigoso Tobias. No contexto da época, a ação enérgica de Neemias foi aplaudida pelo povo, sem sombra de dúvidas. Que hoje, nenhum obreiro use a sua força para resolver as questões de excesso de poder, principalmente, no mau uso dos bens. Se houver desvios, o líder deve agir com firmeza, mas de forma moderada e segura.

Antes de tudo, os fatos, as denúncias e outros comportamentos devem ser tratados à luz da Palavra de Deus, e também de acordo com as normas legais. É preciso que haja a devida apuração dos desmandos, e que as pessoas encarregadas pelas investigações busquem provas, se possível com a ajuda de especialistas. Comprovados os fatos, a disciplina deve ser aplicada com rigor após se conceder oportunidade de defesa aos acusados. Que o líder, hoje, não aja como Neemias, sob pena de responder um processo por abusão de autoridade ou de danos morais.

A Resposta Positiva do Povo

Diante da medida enérgica de Neemias contra o sacerdote Eliasibe e seu apadrinhado Tobias, o povo recobrou o ânimo e voltou a contribuir com a obra do Senhor. "Então, todo o Judá trouxe os dízimos do grão, e do mosto, e do azeite aos celeiros" (Ne 13.12). Que exemplo de ação administrativa e ministerial. O líder não se intimidou ao perceber que o desmando fora cometido por um alto representante do sacerdócio em parceria com um inimigo poderoso da obra de Deus. Tobias tinha apoio de Sambalate, que era governador de Samaria, mas Neemias foi um homem dotado de autoridade concedida por Deus. Desta forma, agiu com rigor excessivo ao inteirar-se do nepotismo de Eliasibe, não apenas falou ou limitou-se a reclamar da vergonhosa atitude do sacerdote, mas entrou em ação. O texto não esclarece, contudo é possível que Neemias tenha com as próprias mãos retirado os móveis de Tobias. Entretanto, ao que tudo indica, teve a colaboração de servidores fiéis que o ajudaram "na limpeza" do lugar sagrado. O povo que deixara de contribuir, por causa da desonestidade e da corrupção dos líderes que administravam a Casa do Senhor, na ausência de Neemias, admirou-se e estimulou-se a voltar a devolver seus dízimos e ofertas para manutenção da Casa do Senhor (Ml 3.10).

Se não houver uma liderança fundamentada nos princípios sagrados que norteiam a administração eclesiástica, logo surgirão excessos e mau uso dos bens materiais da Casa do Senhor. Entre as coisas que normalmente contribuem para a queda dos líderes (sexo, dinheiro e poder), o dinheiro é um elemento muito sensível. Não foi por acaso que Judas, o tesoureiro de Jesus, roubava as ofertas do grupo apostólico. Satanás age com muita perspicácia nessa área. Além de roubar, Judas vendeu Jesus por trinta moedas de prata. Que Deus nos guarde, aos líderes e a todos os servos de Deus, de naufragarmos no mar da corrupção que tem assolado o mundo.

Reflexão

1. Que é a "síndrome de Judas?" Será que ela ocorre nos dias presentes?
2. Por que o povo passou a contribuir com satisfação para a obra do Senhor? A contribuição na igreja local deve ser motivo de alegria?
3. Que abuso cometeu o sacerdote Eliasibe na ausência de Neemias? Hoje há atitudes desse tipo em igrejas evangélicas?
4. Qual foi a reação de Neemias em relação à profanação de Eliasibe? Se hoje líderes cristãos agirem com a veemência de Neemias, o que poderá acontecer?
5. Qual foi a resposta do povo à ação enérgica de Neemias?

11

O SIGNIFICADO DO DIA DE DESCANSO

"Tu, pois, fala aos filhos de Israel, dizendo: Certamente guardareis meus sábados, porquanto isso é um sinal entre mim e vós nas vossas gerações; para que saibais que eu sou o Senhor, que vos santifica" (Êx 31.13).

O cristão não deve ser legalista, mas deve cumprir a lei de acordo com os ensinamentos doutrinários de Cristo Jesus. Depois de tantos séculos de ensino bíblico e teológico acerca do cumprimento da lei de Deus ou da Lei de Moisés, ainda há muitos crentes que misturam as práticas do Antigo Testamento com os ensinamentos de Jesus Cristo nos Evangelhos no que diz respeito ao cumprimento da antiga aliança ou do antigo pacto. Nesta lição, desejamos aproveitar o relato bíblico de Neemias quanto ao seu zelo pela guarda do sábado, e isso com o objetivo de contribuir para o esclarecimento sobre o posicionamento do cristão acerca do cumprimento dos preceitos legais do Antigo Testamento.

É impressionante como tantos evangélicos têm um fascínio pelas práticas dos judeus no Antigo Testamento. Acompanhei pela internet, numa determinada igreja tradicional, uma celebração em volta de uma cópia da arca da aliança, as pessoas durante o culto faziam até mesmo o uso do *Kipá*, uma espécie de chapéu usado pelos judeus ortodoxos. Segundo a pastora que ministrava a celebração, ao tocarem naquela "arca" as pessoas tocariam a *shekináh* de Deus. Em pleno século 21, certamente às vésperas da volta de Cristo, ainda existem grupos de crentes que desejam restaurar os rituais do povo judeu.

Chegou ao nosso conhecimento que na Colômbia e em outros países da América do Sul muitos evangélicos que se converteram ao judaísmo. As orações feitas por esses grupos são em hebraico, os cânticos são extraídos dos hinários israelitas, e os pastores trajam-se como sacerdotes hebreus. O candelabro, a arca, o *shophar* e outros utensílios, próprios do culto judaico, são usados em igrejas evangélicas. Se isso não bastasse, alguns desses grupos afirmam categoricamente que Jesus Cristo não é o Messias prometido. Segundo eles, Jesus foi apenas um judeu, um rabi, que trouxe uma grande mensagem, mas que morreu. O verdadeiro Messias ainda virá!

Certamente, desprezam ensinos bíblicos que dizem: "Portanto, ninguém vos julgue pelo comer, ou pelo beber, ou por causa dos dias de festa, ou da lua nova, ou dos sábados, que são sombras das coisas futuras, mas o corpo é de Cristo" (Cl 2.16,17 - grifo nosso). De fato, todos os utensílios do Tabernáculo, o material e todo o culto na antiga aliança eram "sombras das coisas futuras" que haveriam de tornar-se realidade em Cristo Jesus. Há igrejas que fazem réplicas do Templo em Jerusalém com o intuito de atrair pessoas para seu ambiente. Qual o objetivo? Espiritual? Promocional? Turístico? A "entrada" é gratuita ou paga?

Entendemos que o cristão não deve apegar-se a rituais antigos que já tiveram seu papel, de modo especial para o povo judeu. Jesus Cristo cumpriu toda a lei e foi o único que fez isso integralmente. Ninguém cumpriu no antigo pacto e jamais a cumprirá no Novo Testamento com as práticas judaizantes. Se alguém deseja cumprir toda a lei, é importante prestar atenção ao que Jesus disse: que o maior mandamento é amar a Deus acima de tudo, e o segundo, semelhante a esse, é amar ao próximo como a si mesmo, e concluiu: "Desses dois mandamentos dependem toda a lei e os profetas" (Mt 22.40). Paulo, interpretando o Evangelho, assevera: "Porque toda a lei se cumpre numa só palavra, nesta: Amarás o teu próximo como a ti mesmo" (Gl 5.14).

O Descumprimento da Lei Mosaica

O desrespeito à guarda do sábado. Neemias era um fiel cumpridor da lei de Deus ou do Decálogo. Como judeu verdadeiro, sabia o que significava desrespeitar os mandamentos e os juízos estabelecidos por Deus. Cumprir a lei não era opcional, era questão sagrada. Era prova da fidelidade ao Deus de Abraão, Isaque e Jacó. A guarda do sábado era um ritual que se repetia a cada final de semana e que fora repassado às gerações. Seu desrespeito equivalia a atrair maldição sobre toda a nação.

Neemias sabia o que Deus falara a seu povo: "Mas, se me não ouvirdes, e não fizerdes todos estes mandamentos, e se rejeitardes os meus estatutos, e a vossa alma se enfadar dos meus juízos, não cumprindo todos os meus mandamentos, para invalidar o meu concerto, então, eu também vos farei isto: porei sobre vós terror, a tísica e a febre ardente, que consumam os olhos e atormentem a alma; e semeareis debalde a vossa semente, e os vossos inimigos a comerão" (Lv 26.14-16).

Neemias constata a desobediência. Em sua segunda administração, como governador de Judá, Neemias viu de perto como a liderança que ficara em seu lugar tinha contribuído para o desvio do povo no cumprimento da lei. "Naqueles dias, vi em Judá os que pisavam lagares ao sábado e traziam feixes que carregavam sobre os jumentos; como também vinho, uvas e figos e toda casta de cargas, que traziam a Jerusalém no dia de sábado; e protestei contra eles no dia em que vendiam mantimentos" (Ne 13.15).

Os protagonistas dessa falta de respeito foram principalmente os comerciantes. Eram os vendedores de vinho que pisavam uvas nos lagares no dia de descanso, agricultores que produziam figos e uvas. Eles sabiam que estavam desrespeitando a lei, mas não se preocupavam com isso.

O protesto de Neemias. Ele não era um líder pusilânime, não deixava para depois as providências que as situações reclamavam. Sendo assim, dirigiu-se aos transgressores e fez o seu protesto de modo claro e decidido: "...e protestei contra eles no dia em que vendiam mantimentos" (Ne 13.15c). Aproveitou a ocasião e pegou os transgressores em flagrante desrespeito à lei. O Senhor não quer que seu povo fique sem advertência quanto aos erros que poderiam ser cometidos. "Ó Jerusalém! Sobre os teus muros pus guardas, que todo o dia e toda a noite se não calarão; ó vós que fazeis menção do Senhor, não haja silêncio em vós" (Is 62.6).

Há muitas pessoas vivendo em pecado por falta de advertência, e muitos líderes estão comungando com os erros cometidos pelos crentes e até por obreiros que são responsáveis pelo ministério na casa do Senhor. A omissão em protestar contra o pecado é cumplicidade com o mal. O obreiro deve ser um atalaia que chama atenção no tempo certo antes que o mal caia como um laço sobre o povo de Deus.

Diz a Bíblia: "Filho do homem, fala aos filhos do teu povo e dize-lhes: Quando eu fizer vir a espada sobre a terra e o povo da terra tomar um homem dos seus termos e o constituir por seu atalaia; e, vendo ele que a espada vem sobre a terra, tocar a trombeta e avisar o povo; se aquele que ouvir o som da trombeta não se der por avisado, e vier a espada e o tomar, o seu sangue será sobre a sua cabeça" (Ez 33.2-4). Neemias foi o atalaia que não se omitiu de alertar o povo para o perigo ao redor.

Quem Tem a Obrigação de Guardar o Sábado

Neste tópico, referimo-nos à guarda estrita do sábado e à sua observância como preceito legal no mesmo nível da guarda dos outros mandamentos do Decálogo.

Um "sinal" entre Deus e o povo de Israel. "Tu, pois, fala aos filhos de Israel, dizendo: Certamente guardareis meus sábados, porquanto *isso é um sinal entre mim e vós* nas vossas gerações; para que saibais que eu sou o Senhor, que vos santifica" (Êx 31.13 – grifo nosso). Como podemos observar, no texto citado, a guarda do sábado como preceito legal e prático era um sinal entre Deus, Jeová, e o povo de Israel: "isso é um sinal entre mim e vós nas vossas gerações".

A Bíblia não diz que é um "sinal" entre Deus e os brasileiros, os americanos, os africanos, etc. Não faz sentido a doutrina adventista de que quem deixar de guardar o sábado transgredirá a lei do Senhor. Os judeus, no tempo de Neemias, tinham que observar o sábado. De certa forma, ele foi até moderado na aplicação das penalidades aos transgressores que profanaram o dia sagrado dos israelitas. Se quisesse, por estar imbuído da autoridade civil, poderia ter sentenciado os desobedientes à pena capital, mas limitou-se a repreendê-los e ameaçá-los.

Havia a pena de morte para quem não guardasse o sétimo dia. Quem profanasse o sábado deixando de observá-lo haveria de morrer: "qualquer que no dia do Senhor fizer obra, certamente morrerá" (Êx 31.15). Imaginemos se Deus exigisse a guarda do sábado nos nossos dias? Provavelmente a humanidade não mais existiria.

Obrigação específica e restrita a Israel. Quem deveria guardar o sábado ou quem deve guardá-lo em suas gerações? O texto fala por si: "Guardarão, pois, o sábado os filhos de Israel, celebrando o sábado nas suas gerações por concerto perpétuo. Entre mim e os filhos de Israel será um sinal para sempre" (Êx 31.16). Não há necessidade do recurso da hermenêutica avançada para entender esse texto. A frase sublinhada é de uma clareza meridiana. A observância do sábado, em seu sentido legal, é um concerto perpétuo entre Deus e Israel.

Nenhuma outra nação no mundo tem esse concerto. O salmista recebeu essa visão: "Mostra a sua palavra a Jacó (Israel), os seus estatutos e os seus juízos, a Israel. Não fez assim a nenhuma outra nação; e, quanto aos seus juízos, nenhuma os conhece. Louvai ao Senhor!" (Sl 147.19,20 – grifo nosso). O povo de Israel desobedeceu à lei do Senhor, inclusive, não guardando o sábado, por isso pagou um alto preço. Desgraças e tragédias se abateram sobre eles ao longo de sua história.

O cativeiro babilônico foi mais um dos terríveis juízos de Deus sobre a nação transgressora. Pela misericórdia de Deus, foram libertos após 70 anos de escravidão na Babilônia e puderam retornar a Jerusalém para a restauração da cidade. Não apenas pela inobservância do sábado, mas por muitas outras transgressões, tal como a adoração a deuses estranhos, a profanação do nome do Senhor e outros pecados contra a lei de Deus.

Devemos reconhecer o zelo dos adventistas na guarda do sábado ao longo dos séculos. Os mais zelosos sequer abrem suas empresas no dia do sábado. Enquanto isso, há crentes pentecostais que deixam de ir aos cultos, não abrindo mão sequer do domingo para ir a uma Escola Dominical.

A Guarda do Sábado no Novo Testamento

A essência do dia de descanso. No Novo Testamento, devemos considerar que a guarda do sábado deve continuar, *em sua essência*, ou seja, a necessidade do descanso físico e mental, pelo menos um dia na semana, para que possamos ter uma qualidade de vida melhor, tanto no servir a Deus quanto na vida profissional, na vida familiar e no relacionamento com os outros.

Como Jesus cumpriu o sábado. Ele é Senhor do sábado. Jesus trabalhou no sábado pregando, curando e libertando os oprimidos. Passando pelas searas num sábado, foi censurado pelos fariseus porque seus discípulos colheram espigas para comer.

"Naquele tempo, passou Jesus pelas searas, em um sábado; e os seus discípulos, tendo fome, começaram a colher espigas e a comer. E os fariseus, vendo isso, disseram-lhe: Eis que os teus discípulos fazem o que não é lícito fazer num sábado... Ou não tendes lido na lei que, aos sábados, os sacerdotes no templo violam o sábado e ficam sem culpa? Pois eu vos digo que está aqui quem é maior do que o templo. Mas, se vós soubésseis o que significa: Misericórdia quero e não sacrifício, não condenaríeis os inocentes. Porque o Filho do Homem até do sábado é Senhor" (Mt 12.1, 5-8; Lc 13.14; 14.3; Jo 5.16; 9.14).

Como o cristão deve guardar o dia de descanso. Dizem alguns grupos adventistas que quem não guarda o sábado, mas o domingo terá a marca da Besta no governo do Anticristo. A guarda do sábado é o "selo de Deus". Só se salva quem o guarda. Tal doutrina não tem base na Bíblia, mas na "visão" da senhora Hellen White, líder adventista: Ela viu as tábuas da lei e o 4º mandamento com uma auréola de luz (Livro Dons Espirituais, p. 113). A partir daí entendeu que esse mandamento era o mais importante de todos. Desta forma, muitos cristãos ficam sem saber o que dizer a respeito de tais afirmações que soam ameaçadoras. A seguir, temos algumas refutações com base na Palavra de Deus.

l) Somos salvos pela graça, e não por obras (Ef 2.8,9);

2) Se guardarmos uma parte da lei (como no Antigo Testamento), temos que aplicar as penalidades a quem não a cumpre integralmente: a pena de morte (Êx 35.1,2; Lv 23.27-32). Os adventistas só poderiam fazer isso num governo teocrático, nunca em uma democracia ou outro regime em qualquer parte do mundo.

3) O sábado era parte do pacto de Deus com Israel, e não com todas as nações, como já foi observado neste estudo (Êx 20.8-11; Ez 20.10-13).

Dificuldades na guarda do sábado. Nos pólos da Terra, durante vários meses, o sol não se põe. Como guardar o sábado de pôr do sol a pôr do sol? Existe a questão dos fusos horários. Quando no Brasil são doze horas do dia, no Japão e em países próximos já é meia noite. Quando é sábado aqui, naquele país já é domingo. Como guardar o mesmo sábado? Esse preceito legal tinha que ser observado em toda a nação.

Por que os Cristãos Observam o Descanso no Domingo?

O descanso semanal. Na questão do dia de descanso semanal, o que deve ser observado é a sétima parte do tempo e não o dia. Como a Lei de Moisés foi ultrapassada pela lei de Cristo, a guarda dos mandamentos de modo literal tornou-se legalismo sem amor. Converteu-se em radicalismo teológico ou em sectarismo perigoso. Se fosse seguida à risca, a pena de morte seria a tônica para grande parte da humanidade. Os cristãos guardam o domingo não porque seja um "dia santo", mas por ter sido o mesmo valorizado no Novo Testamento, como podemos ver a seguir em diversas ocasiões.

a) Cristo ressuscitou num domingo (Mc 16.9);

b) Jesus apareceu 5 vezes num domingo e outra vez no no domingo seguinte (Lc 24.13; 33-36; Jo 20.13-19,26);

c) O Espírito Santo foi derramado num domingo (At 2.1-4);

d) Cristo se revelou a João num domingo (Ap 1.10) e a Santa Ceia, as pregações e as ofertas eram observadas no domingo (1 Co 16.1,2; At 20.7).

A essência do sábado. O que se deve guardar é a essência do sábado: o descanso em um dia da semana em gratidão a Deus pela criação, pela vida, pelo trabalho, enfim, por tudo. Contudo, não existe obrigatoriedade da guarda de um dia fixo de forma legalista sem amor. Jesus disse que seus seguidores (discípulos) seriam conhecidos pela prática do amor, e não pela guarda de qualquer dia (Jo 13.34,35). No tempo de Neemias, os israelitas eram conhecidos como o povo que guardava o sétimo dia da semana, a tal ponto de sequer poder acender o fogão: "Não acendereis fogo em nenhuma das vossas moradas no dia de sábado" (Êx 35.3). Para os demais povos do mundo, seria esse um preceito absurdo. Mas, para os judeus, era norma bem conhecida e familiar. Como fariam os esquimós para aquecer suas casas no dia de sábado?

O cumprimento da lei é o amor. Paulo foi mais sintético e objetivo ao dizer: "Com efeito: Não adulterarás, não matarás, não furtarás, não darás falso testemunho, não cobiçarás, e, se há algum outro mandamento, tudo nesta palavra se resume: Amarás ao teu próximo como a ti mesmo. O amor não faz mal ao próximo; de sorte que o cumprimento da lei é o amor" (Rm 13.9,10 – grifo nosso).

O apóstolo acentua ainda: "se há algum outro mandamento", não citado por ele incluindo o quarto mandamento, "tudo nesta palavra se resume: amarás ao teu próximo como a ti mesmo". Jesus dá a última palavra: "Um novo mandamento vos dou: Que vos ameis uns aos outros; como eu vos amei a vós, que também vós uns aos outros vos ameis. Nisto todos conhecerão que sois meus discípulos, se vos amardes uns aos outros" (Jo 13.34,35). Glória a Deus por isso!

Os judeus, sob a liderança de Neemias, tinham que observar todos os mandamentos, estatutos e juízos da lei mosaica. Pagaram um alto preço por desobedecer aos mandamentos. Contudo, nós não estamos debaixo da guarda literal de todos os preceitos da antiga aliança. Devemos observar os mandamentos como Cristo os observou, valorizando a essência e o aspecto espiritual. Cristo "o qual nos fez também capazes de ser ministros dum Novo Testamento, não da letra, mas do Espírito; porque a letra mata, e o Espírito vivifica" (2 Co 3.6).

A guarda do sábado é "concerto perpétuo" somente entre Deus e Israel. Contudo, precisamos valorizar o repouso ou o descanso a fim de que mantenhamos o corpo saudável para melhor servirmos a Deus. O nosso corpo é "templo do Espírito Santo" (1 Co 6.19).

Reflexão

1. Que era a guarda do sábado para os judeus? Ainda hoje, eles guardam o sábado?
2. Qual era a penalidade máxima para quem não guardasse o sábado? Seria possível aplicar tal penalidade, nos dias presentes, a quem não guarda o sábado?
3. Como era o concerto do sábado para Israel? É viável tal concerto nos dias atuais?
4. Como o cristão deve ver a guarda do sábado? De modo literal, legalista ou em seu sentido espiritual?
5. Qual é o cumprimento da lei para o cristão? (Mt 22.34-40)

12

Os perigos do casamento misto

Não vos prendais a um jugo desigual com os infiéis; porque que sociedade tem a justiça com a injustiça? E que comunhão tem a luz com as trevas? (2 Co 6.14)

O cristão deve ser santo no namoro, no noivado e no casamento. Ao lermos o trecho citado anteriormente, percebemos que o jugo desigual é prova de infidelidade ao Senhor. No tempo de Neemias, o povo pecava indiscriminadamente, e muitos se aparentaram com pessoas que pertenciam aos povos rejeitados por Deus.

Quando o povo de Deus torna-se obstinado no caminho da desobediência à sua Palavra, corre o risco de ser castigado pelo Senhor com terríveis punições. Israel, em sua jornada em direção a Canaã, agiu de modo pecaminoso em várias ocasiões. E Deus disse a Moisés: "Tenho visto a este povo, e eis que é povo obstinado" (Êx 32.9; Dt 9.13). Os cativeiros assírio e babilônico já haviam comprovado essa terrível constatação. Ao que parece, as bênçãos são esquecidas com facilidade e em pouco tempo, pois o povo tinha um certo fascínio pelo pecado.

A ausência de Neemias por um espaço de tempo fez surgir um vácuo na liderança do povo de Judá. Surgiram desmandos, desvios e pecados, e isso comprova a assertiva de que o povo precisa de uma liderança. Os líderes podem tirar férias, mas a liderança não. O estadista americano Thomas Jefferson disse: "O preço da liberdade é a eterna vigilância". Neste comentário, vamos meditar no que ocorreu quando o líder se fez ausente.

Não foi por acaso que muitos israelitas se aparentaram com mulheres estranhas. A ausência de Neemias fez com que as pessoas sentissem falta de uma liderança. Pouco a pouco as transgressões à lei de Deus foram sendo cometidas, e não havia a figura do líder para alertá-los e tomar as providências necessárias quanto aos desvios de comportamento. A união ilícita entre os israelitas e os filhos dos estrangeiros foi um dos piores pecados cometido pelos habitantes de Canaã. O terrível problema só foi corrigido quando o líder voltou a dirigir e orientar o povo.

Novamente a Mistura com Povos Estranhos

Casamentos proibidos. Quando Deus tirou Israel do Egito, ordenou que ao chegarem à terra de Canaã não se misturassem com os povos estranhos por meio de casamentos mistos (Dt 7.1-4). No livro de Números vemos a determinação de Deus no caso específico das filhas de Zelofeade: "Esta é a palavra que o Senhor mandou acerca das filhas de Zelofeade, dizendo: Sejam por mulheres a quem bem parecer aos seus olhos, contanto que se casem na família da tribo de seu pai" (Nm 36.6).

Observemos que não só era proibido o casamento com pessoas de povos estranhos, mas também entre pessoas de tribos diferentes. E tudo isso por questões de herança. Cada tribo tinha o seu quinhão. Se alguém se casasse com pessoas de uma outra tribo, parte da herança iria para outro grupo por conta do matrimônio.

A proibição do casamento misto não fora revogada nem explícita nem tacitamente. Mas no tempo de Neemias, após a restauração dos muros e do próprio culto a Deus, novamente ele constatou que o povo desobedecera ao Senhor nesse aspecto. "Vi também, naqueles dias, judeus que tinham casado com mulheres asdoditas, amonitas e moabitas" (Ne 13.23).

Na dispensação da graça não há proibição de caráter racial ou nacional no que concerne ao casamento. Diz Paulo: "Nisto não há judeu nem grego; não há servo nem livre; não há macho nem fêmea; porque todos vós sois um em Cristo Jesus" (Gl 3.28). Mas há proibição para o envolvimento sentimental, emocional ou físico entre salvos em Cristo e pessoas descrentes. "Não vos prendais a um jugo desigual com os infiéis; porque que sociedade tem a justiça com a injustiça? E que comunhão tem a luz com as trevas? E que concórdia há entre Cristo e Belial? Ou que parte tem o fiel com o infiel?" (2 Co 6.14,15).

Casamento com amonitas e moabitas. Quem eram as amonitas? Eram as descendentes do relacionamento incestuoso entre a filha mais nova de Ló com seu pai quando escaparam de Sodoma e Gomorra. Ló se deixou embriagar (Gn 19.35) e suas filhas tiveram relações sexuais com ele. Dessa união pecaminosa nasceu o filho mais novo de Ló, que tomou o nome de "Ben-Ami" e que pode ser traduzido como "filho de meu próprio pai". A Bíblia declara: "E a menor também teve um filho e chamou o seu nome Ben-Ami; este é o pai dos filhos de Amom, até o dia de hoje" (Gn 19.38). Trata-se de uma origem espúria e contrária às determinações do Senhor (veja Gn 19.35-38).

Quem eram as moabitas? Tinham a mesma origem. A filha mais velha de Ló também aproveitou o estado de embriaguez de seu pai e coabitou com ele. Foi mãe do primeiro filho de Ló após ele escapar da catástrofe de Sodoma e Gomorra. "E conceberam as duas filhas de Ló de seu pai. E teve a primogênita um filho e chamou o seu nome Moabe; este é o pai dos moabitas, até ao dia de hoje" (Gn 19.36,37).

Uma das razões por que os filhos de Israel não podiam se casar com os amonitas e moabitas era pelo fato de serem "inimigos" de Israel. Quando os judeus se aproximaram de Canaã após a libertação do Egito, os amonitas e os amonitas aliaram-se aos povos adversários e, mais tarde, contribuíram para que Balaão amaldiçoasse o povo hebreu: "Nenhum amonita ou moabita entrará na congregação do Senhor; nem ainda a sua décima geração entrará na congregação do Senhor, eternamente. Porquanto não saíram com pão e água a receber-vos no caminho, quando saíeis do Egito; e porquanto alugaram contra ti a Balaão, filho de Beor, de Petor, da Mesopotâmia, para te amaldiçoar" (Dt 23.3,4).

Este último fato foi gravíssimo, entretanto não conseguiram derrotar Israel amaldiçoando-o. Mas conseguiram induzi-los ao relacionamento com mulheres estranhas, causando grande prejuízo ao povo judeu. Não obstante a interdição de Deus à entrada dos moabitas ao lugar sagrado do Templo, Ele abriu uma porta para que uma moabita fizesse parte da genealogia de Jesus.

Isso foi algo de valor inestimável e que excede à lógica e à compreensão humana. Rute, uma jovem senhora, viúva, acompanha sua sogra, Noemi, também viúva, no retorno a Israel. Parecia que a vida, na visão simplista, não sorrira para elas. O que duas viúvas fariam no meio do povo de Israel? Contudo, Deus não escreve certo por linhas tortas, como diz o ditado popular. Deus escreve certo, no lugar certo e no tempo certo na vida de cada pessoa.

Numa verdadeira e linda história de amor, Rute, a moabita, casa-se com Boaz, um autêntico líder e servo de Deus. Contrariando todas as expectativas, Rute dá à luz Obede, que foi pai de Jessé e avô de Davi, de cuja linhagem nasceu Jesus, o Salvador do mundo (veja Rt 4.13-20)!

As Consequências sobre os Filhos

A família prejudicada pela mistura. Na maioria dos casos em que os pais se desviam dos caminhos do Senhor e se misturam com pessoas que não professam a mesma fé, ocorrem sérios prejuízos para toda a família. No caso dos judeus que se casaram com moabitas, amonitas e asdoditas, houve graves consequências sobre a vida familiar. "E seus filhos falavam meio asdodita e não podiam falar judaico, senão segundo a língua de cada povo" (Ne 13.24). Nesta referência, há um destaque para a influência cultural das mulheres asdoditas, sobretudo na linguagem dos filhos dos judeus. Eles não falavam mais a linguagem de seus ancestrais. Naturalmente, os costumes dos asdoditas contaminaram a vida espiritual e social dos judeus.

A causa da proibição do casamento misto. Dentre os mandamentos, os estatutos e ordenanças determinados por Deus ao povo de Israel quando entraram na terra de Canaã, estava a solene e incisiva proibição de união entre os filhos de Israel e aquelas gentes. O Senhor disse: "... não farás com elas concerto, nem terás piedade delas; nem te aparentarás com elas; não darás tuas filhas a seus filhos e não tomarás suas filhas para teus filhos; pois elas fariam desviar teus filhos de mim, para que servissem a outros deuses; e a ira do Senhor se acenderia contra vós e depressa vos consumiria" (Dt 7.2-4 – grifo nosso).

O texto citado declara que, ao se envolverem com estrangeiros, os israelitas correriam o risco de sofrer as consequências de sua escolha, pois a "ira do Senhor viria sobre eles".

Conhecemos jovens, filhas de pais evangélicos dedicados ao Senhor, que se deixaram levar pela sedução de rapazes incrédulos. Algumas apostataram da fé, ou seja, deixaram de servir a Deus para viver com o esposo. Infelizmente, há uma tendência sempre mais forte de o descrente fazer o crente se desviar.

O zelo irado do líder. Neemias governou Jerusalém durante 12 anos (444-432 a.C.), e após a inauguração dos muros e a festa de sua dedicação, resolveu voltar à corte do rei, que era seu monarca e amigo. Deixou Jerusalém sob a responsabilidade da liderança administrativa e sacerdotal. Depois de doze anos, retornou à sua terra. Tamanha foi a sua tristeza ao se deparar, a começar pelos líderes, o povo voltando às práticas que lhes causaram tanto mal.

Dentre muitas coisas, o que mais causou indignação em Neemias foi a união ilícita entre judeus e os amonitas, moabitas e asdoditas. Neemias sentiu uma grande repulsa ao se defrontar com a rebeldia do povo. "E contendi com eles, e os amaldiçoei, e espanquei alguns deles, e lhes arranquei os cabelos, e os fiz jurar por Deus, dizendo: Não dareis mais vossas filhas a seus filhos e não tomareis mais suas filhas, nem para vossos filhos nem para vós mesmos" (Ne 13.25). Neemias sentiu-se tão insatisfeito com o cenário que avistou que agiu de maneira inconsequente. Talvez, se isso acontecesse nos dias atuais, ele responderia a um processo.

Porventura, não está registrada na Bíblia a reação de Jesus quando, ao adentrar ao Templo, em Jerusalém, observou o mercantilismo e a profanação do lugar sagrado? O que Ele fez? "E entrou Jesus no templo de Deus, e expulsou todos os que vendiam e compravam no templo, e derribou as mesas dos cambistas e as cadeiras dos que vendiam pombas. E disse-lhes: Está escrito: A minha casa será chamada casa de oração. Mas vós a tendes convertido em covil de ladrões" (Mt 21.12,13). Até o meigo Nazareno reagiu com excesso de rigor contra os que queriam fazer da casa de Deus "covil de ladrões!"

Em muitos lugares, a "feira-livre" da fé é totalmente permitida por pastores ou líderes descuidados. Essa "feira-livre" ou esse "supermercado" da fé não está ao lado do templo ou em suas cercanias. É razoável que, em grandes eventos, empresários ou comerciantes cristãos exponham seus produtos. Contudo, o pior mercantilismo é aquele que ocupa o púlpito, realizado por "preletores" famosos ou "cantores celebridades". Estes manipulam a mente das pessoas incautas e levam-nas ao delírio dizendo estar vendo "nuvens de glória" e "anjos voando" pela igreja. Depois de toda a "preparação e indução psicológica", o clima está pronto para a "investida final". Chega o momento da "colheita". O povo é induzido a ofertar "tudo" para a "obra missionária do famoso pregador ou cantor-sumidade. Além dos "cachês", exigidos antecipadamente, o povo é levado a entregar cheques, dinheiro, joias, relógios, alianças de casamento (o que é um acinte), e o "grande homem" sai com os bolsos ou a mala recheada com o dinheiro dos ofertantes! De quem é a responsabilidade? Neemias responde: dos líderes que são ludibriados pelos empreiteiros do mercado evangélico. Como Jesus reagiria ante a calamidade moral que tem se abatido sobre tantas igrejas?

Inimigos, sempre inimigos. Quem eram as asdoditas? Eram habitantes da cidade de Asdode, uma das cinco grandes cidades dos filisteus (1 Sm 6.17). No período do Novo Testamento, chamou-se Azoto, onde Filipe batizou o eunuco da Etiópia.[1] Era uma cidade

[1] R.N. CHAMPLIN. *O antigo testamento interpretado, versículo por versículo.* Vol. 6, p. 3853.

idólatra, sede do culto ao deus Dagom (1 Sm 5.1-5). Nela o Deus de Israel pesou sua mão sobre seu povo e sobre seu Deus, quando, em guerra contra os judeus, os derrotaram e levaram a arca da aliança, símbolo maior da presença do Senhor entre seu povo. Pela desobediência, Israel foi fragorosamente derrotado, e a arca, levada com júbilo à casa do deus Dagom. Mas sua alegria durou muito pouco. Na manhã seguinte, a estátua de Dagom jazia caída diante da arca do Senhor. Posta em seu lugar, os seus adoradores viram, no outro dia, que Dagom estava sem cabeça e sem mãos. Era o claro sinal de que Jeová, o Todo-Poderoso não dá o seu lugar a nenhum falso deus! Durante o tempo em que a arca permaneceu em Asdode, houve grandes pragas e enfermidades sobre seu povo como juízos de Deus (1 Sm 5.6-12).

Por ocasião do recomeço da restauração dos muros de Jerusalém, lá estavam os asdoditas dando apoio aos cabeças da perseguição ao povo de Deus. "E sucedeu que, ouvindo Sambalate, e Tobias, e os arábios, e os amonitas, e os asdoditas que tanto ia crescendo a reparação dos muros de Jerusalém, que já as roturas se começavam a tapar, iraram-se sobremodo" (Ne 4.7). Lá estavam eles, sempre perseguindo e fazendo oposição para derribar a autoridade dos homens de Deus chamados para liderar seu povo. Em geral, inimigos são sempre inimigos.

Consequências na Vida Espiritual (Ele já Falou sobre isso)

Desvio da vontade de Deus. A união mista é pecado, pois é desobediência a Deus. "Porventura, não pecou nisso Salomão, rei de Israel, não havendo entre muitas nações rei semelhante a ele, e sendo amado de seu Deus, e pondo-o Deus rei sobre todo o Israel? E, contudo, as mulheres estranhas o fizeram pecar" (Ne 13.26). A determinação de Deus contra o casamento misto já era bem conhecida entre os hebreus. Quando da preparação para a entrada em Canaã, Deus disse: "... não darás tuas filhas a seus filhos e não tomarás suas filhas para teus filhos; pois elas fariam desviar teus filhos de mim, para que servissem a outros deuses; e a ira do Senhor se acenderia contra vós e depressa vos consumiria" (Dt 7.3,4 – grifo nosso).

Não há a menor dúvida quanto às consequências do casamento misto na vida espiritual. Casamento é comunhão, união de interesses comuns, parceria e cumplicidade.

Perversão espiritual. Salomão é o exemplo mais patente das consequências da união mista. Ao que parece, ele "enlouqueceu" espiritualmente. Em um acesso de soberba e vaidade, resolveu mostrar ao mundo que era um rei muito poderoso e moderno para a sua época. Diz a Bíblia: "E o rei Salomão amou muitas mulheres estranhas, e isso além da filha de Faraó, moabitas, amonitas, edomitas, sidônias e heteias das nações de que o Senhor tinha dito aos filhos de Israel: Não entrareis a elas, e elas não entrarão a vós; de outra maneira, perverterão o vosso coração para seguirdes os seus deuses. A estas se uniu Salomão com amor" (1 Rs 11.1,2).

Seu pai, Davi, foi moderado em reunir belas mulheres em torno de si, mas mesmo assim cometeu o terrível pecado de adulterar com a mulher de um dos seus mais fiéis generais que lutavam pelo seu reino. E, como se não bastasse esse pecado, ainda mandou matar o esposo traído cometendo um crime hediondo. Confessou o seu pecado e escapou da morte, mas não escapou das terríveis consequências que sobrevieram sobre o seu reino.

Salomão, certamente, sabia da experiência negativa de seu próprio pai, contudo não se manteve fiel a Deus nesse aspecto. Muito pelo contrário, ultrapassou todos os limites do bom senso e do respeito às determinações de seu Deus. O resultado foi o pecado, o desvio e a perversão: "E tinha setecentas mulheres, princesas, e trezentas concubinas; e suas mulheres lhe perverteram o coração. Porque sucedeu que, no tempo da velhice de Salomão, suas mulheres lhe perverteram o coração para seguir outros deuses; e o seu coração não era perfeito para com o Senhor, seu Deus, como o coração de Davi, seu pai" (1 Rs 11.3,4). Esse comportamento foi muito prejudicial à vida espiritual de Salomão e da própria nação israelita, que viu seu rei unir-se a mulheres idólatras.

Idolatria. Salomão, além de desobedecer a Deus, acompanhava suas mulheres ao culto no altar dos deuses estranhos. "E Salomão andou em seguimento de Astarote, deusa dos sidônios, e em seguimento de Milcom, a abominação dos amonitas" (1 Rs 11.5). Construiu altares aos deuses de suas mulheres por solicitação delas (1 Rs 11.6-8). Não podemos afirmar isso, mas o texto bíblico que relata a perversão de Salomão nos faz pensar que ele morreu desviado.

Sabemos que quando o crente em Jesus desobedece à sua Palavra e une-se a pessoas incrédulas, despreza a Deus e coloca o parceiro em primeiro lugar em seu coração. Isso é idolatria. Qualquer pessoa ou coisa que é colocada acima de Deus no coração é considerado um ídolo.

Neemias não contemporizou com a desobediência. Contendeu com os transgressores usando palavras muito duras contra o cinismo de seus compatriotas. "E dar-vos-íamos nós ouvidos, para fazermos todo este grande mal, prevaricando contra o nosso Deus, casando com mulheres estranhas?" (Ne 13.26,27)

Desvalorizando o Sacerdócio

O genro de Sambalate. "Também um dos filhos de Joiada, filho de Eliasibe, o sumo sacerdote, era genro de Sambalate, o horonita, pelo que o afugentei de mim" (Ne 13.28). Podemos imaginar a que ponto chegara o desrespeito à lei de Deus quando um dos filhos do sumo sacerdote se casou com uma filha de Sambalate, o líder dos inimigos da restauração dos muros de Jerusalém. Neemias o afugentou de perto de si. Não queria ter comunhão com o filho do sacerdote que se aparentara com um dos maiores inimigos da sua nação. Isso fora o cúmulo da desvalorização da linhagem sacerdotal.

O sacerdócio contaminado. A união mista proibida por Deus prejudicou a pureza necessária para os que desejavam pertencer ao grupo sacerdotal. Neemias orou pedindo a intervenção de Deus sobre tamanho desrespeito à unção que deveria marcar todos aqueles que foram chamados para o ministério sacerdotal. "Lembra-te deles, Deus meu, pois contaminaram o sacerdócio, como também o concerto do sacerdócio e dos levitas" (Ne 13.29).

A Restauração do Sacerdócio

A limpeza necessária. Ao retornar a Jerusalém, Neemias adotou algumas medidas na administração do sacerdócio. Ele sabia que jamais o povo teria a bênção de Deus se convivesse com pessoas que não tinham aliança com Deus. Em razão disso, adotou medidas antipáticas e impopulares. Sentiu o que o salmista sentiu tempos depois: "Pois o zelo da tua casa me devorou, e as afrontas dos que te afrontam caíram sobre mim" (Sl 69.9). A atitude de Neemias deve ter desagradado a muitas pessoas, mas destituiu das funções ministeriais e administrativas "todos os estranhos". Quem sabe não foi muito doloroso para ele e para as famílias dos demitidos, contudo Neemias foi um líder consciente de sua missão. Não fora chamado para agradar aos homens, mas para liderar o povo na obediência ao seu Deus. Pagou um preço alto, sem dúvida, mas foi fiel ao Senhor. Hoje, há líderes que, buscando os aplausos de muitos, numa visão de política eclesiástica, deixam de tomar medidas saneadoras no ministério.

As funções restauradas. Com a destituição dos indevidos ocupantes dos cargos na casa do Senhor, Neemias ficou livre para designar os ocupantes legítimos para as funções sacerdotais e administrativas. Para tal, teria que recrutar homens fiéis e idôneos (2 Tm 2.2). "Assim, os alimpei de todos os estranhos e designei os cargos dos sacerdotes e dos levitas, cada um na sua obra" (Ne 13.30). Funções de menor importância hierárquica também foram restauradas. Ele designou pessoas de confiança para o serviço logístico de providenciar as ofertas da lenha "para as primícias" (Ne 13.31). Seu estado de espírito provavelmente estava tão angustiado diante das medidas drásticas que teve que tomar que orou a Deus: "Lembra-te de mim, Deus meu, para o bem" (Ne 13.31b).

O povo de Deus precisa ser santo. Isso é determinação divina: "Portanto, santificai-vos e sede santos, pois eu sou o Senhor, vosso Deus" (Lv 20.7). Essa separação decorre do processo da santificação. A igreja do Senhor é formada por "... um povo seu especial, zeloso de boas obras" (Tt 2.14). Israel fora chamado para ser um "reino sacerdotal", e não poderia contaminar-se por meio de uniões matrimoniais proibidas por Deus. "Porque és povo santo ao Senhor, teu Deus, e o Senhor te escolheu de todos os povos que há sobre a face da terra, para lhes seres o seu povo próprio" (Dt 14.2). A igreja de Cristo deve ser formada por pessoas santas (1 Pe 1.15).

Reflexão

1. Por que Deus proibiu o casamento misto? Hoje, ainda há essa prática não aprovada por Deus?
2. O que acontece quando os pais se desviam dos caminhos do Senhor? Que resultados podem vir sobre tais famílias?
3. O que exorta Paulo quanto ao casamento misto?
4. O que ocorreu a Salomão por causa do casamento misto?

13

Lições da liderança de Neemias

E sucedeu que, ouvindo eu essas palavras, assentei-me, e chorei, e lamentei por alguns dias; e estive jejuando e orando perante o Deus dos céus. (Ne 1.4)

A igreja do século 21 necessita de líderes autênticos que se dediquem com afinco na obra do Senhor. Pode parecer sem sentido, em pleno século 21, buscarmos inspiração na liderança de um homem que viveu quase quinhentos anos antes de Cristo, mas a Igreja do Senhor Jesus, que se constitui dos que o aceitaram como Salvador, carece de modelos autênticos de liderança pautados nos princípios da sua Palavra. Neemias, então, é um dos grandes exemplos para os nossos dias. Neste capítulo apresentamos um resumo da sua liderança com base nos textos já comentados.

A ciência da administração oferece subsídios que podem ser aplicados à liderança eclesiástica. Sem cair no tecnicismo, é possível examinar o que há de interessante nos compêndios de administração. Mas é na Palavra de Deus, a Bíblia Sagrada, que os líderes devem buscar a inspiração para exercer sua gestão à frente das igrejas locais. Muitos modelos de igreja têm sido formulados e divulgados em publicações e editoriais em todos os lugares. E vários desses modelos não passam de modismos que surgem, mas que em poucos anos não se ouve mais falar neles. Quando se examinam tais propostas de organização de igrejas, verifica-se que não passam de tentativas de apresentar algo inédito no que diz respeito à administração eclesiástica.

Contudo, verificando as páginas da Bíblia, observamos modelos especiais de liderança que servem de referência para os que desejam conduzir a igreja local conforme a vontade de Deus. O livro de Neemias é um desses exemplos de administração que podem e devem ser valorizados. Não obstante tratar-se de uma experiência de liderança desenvolvida há tantos séculos, contém princípios e orientações de grande valor para os líderes atuais.

Deus sempre Tem alguém para Usar

Neemias era um desconhecido. De acordo com alguns padrões estabelecidos, somente as pessoas que estão em evidência podem ser usadas por Deus. Contudo, segundo os mandamentos bíblicos, Deus usa quem se coloca a sua disposição. Quando quer, chama alguém que não tem relevância aos olhos dos homens. Ainda que o cargo de copeiro, exercido por Neemias, fosse de alta confiança, sua ação restringia-se às paredes do palácio. Entretanto, por causa de seu caráter e relacionamento com Deus, foi chamado de forma especial para uma grande missão.

Ele era desconhecido para os homens, incluindo seus compatriotas que se achavam em Jerusalém sofrendo os resultados da grande crise que se abatera sobre eles. Mas não era desconhecido de Deus. Diz o salmista: "Quem é como o Senhor, nosso Deus, que habita nas alturas; que se curva para ver o que está nos céus e na terra; que do pó levanta o pequeno e, do monturo, ergue o necessitado, para o fazer assentar com os príncipes, sim, com os príncipes do seu povo" (Sl 113.5-8).

Ester era uma desconhecida. O rei Assuero, da Pérsia, tomado de um acesso de vaidade, resolveu exibir os dotes físicos e a beleza de sua esposa, Vasti, perante os convidados na festa nacional celebrada com pompas e luxo. Como sua esposa recusou-se a desfilar como uma "miss", foi destituída do trono. Para seu lugar foi determinado que se convocassem as mais belas moças do reino. Provavelmente, entre as "beldades" convocadas havia jovens ricas e de elevado nível de instrução. Entretanto, Deus entrou em ação e fez com que uma jovem simples, órfã, criada por um primo, fosse a escolhida pelo rei. A jovem Ester, ou Hadassa, foi usada por Deus não apenas para ser rainha (Et 2.17), mas para ser instrumento em suas mãos a fim de livrar o seu povo da destruição.

Davi era um simples pastor de ovelhas. Quando o rei Saul perdeu a bênção de Deus em sua vida por ter desobedecido ao profeta Samuel, Deus determinou que o profeta fosse a Belém escolher um substituto para o desviado monarca. "Então, disse o Senhor a Samuel: Até quando terás dó de Saul, havendo-o eu rejeitado, para que não reine sobre Israel? Enche o teu vaso de azeite e vem; enviar-te-ei a Jessé, o belemita; porque dentre os seus filhos me tenho provido de um rei" (1 Sm 16.1). Quem seria o escolhido? Abinadabe? Samá? O que tivesse uma boa aparência?

Não. O escolhido foi o jovem Davi, o filho mais novo de Jessé, que cuidava das ovelhas de seu pai. Não era conhecido entre seus concidadãos. Sua vida era apascentar ovelhas nas campinas verdejantes, às margens de fontes de água, cuidando do rebanho de seu pai. Mas Deus pôs os olhos nele e o escolheu para ser um dos maiores reis de Israel. "Então, mandou em busca dele e o trouxe (e era ruivo, e formoso de semblante, e de boa presença). E disse o Senhor: Levanta-te e unge-o, porque este mesmo é. Então, Samuel tomou o vaso do azeite e ungiu-o no meio dos seus irmãos; e, desde aquele dia em diante, o Espírito do Senhor se apoderou de Davi. Então, Samuel se levantou e se tornou a Ramá" (1 Sm 16.13).

Poderíamos também discorrer sobre José, o filho de Jacó. Odiado pelos irmãos, vendido a desconhecidos, caluniado por uma mulher ímpia e lançado no cárcere, contudo exaltado por Deus para ser o governador do Egito e salvar o seu povo da fome. Por que não falar de Elias, que imaginou ser o único sobrevivente, mas Deus tinha sete mil para fazer sua obra? Falaríamos também de Elizeu, Amós, Obadias, Pedro, Tiago, João e os demais apóstolos que foram homens simples, mas com qualidades que agradavam a Deus. Esses exemplos nos mostram que quando Deus decide usar alguém Ele não precisa de "pistolão" ou ser famoso. Para Deus o que de fato importa é disponibilidade do indivíduo, como já foi dito anteriormente.

Neemias um Líder Íntegro

Ele tinha integridade espiritual. Antes de tomar qualquer decisão, ele buscava a Deus em oração. "E sucedeu que, ouvindo eu essas palavras, assentei-me, e chorei, e lamentei por alguns dias; e estive jejuando e orando perante o Deus dos céus" (Ne 1.4). Ele teve sensibilidade ao saber da realidade em que se encontrava seu povo. Ao tomar conhecimento da triste situação em que se encontrava Jerusalém, ele não permaneceu como estava, como se nada estivesse acontecendo. Ele tomou uma atitude, que revela sentimento de interesse sincero e amor por seu povo.

"Assentei-me e chorei, e lamentei." Neemias não tinha a cultura machista do mundo ocidental que alardeia que "homem não chora". Ele interrompeu o que estava fazendo e aguardou o momento adequado, e assentou-se tomado de intensa emoção. Chorou e lamentou a situação de seu povo. Não será isso o que está faltando em nossos dias? Homens de Deus que chorem e lamentem diante da situação trágica do nosso povo? Quando falamos "nosso povo", referimo-nos à Igreja de Cristo em todo o mundo. O que estamos fazendo como líderes? Estamos chorando e lamentando pela Igreja? Em termos gerais, parece que não.

Ele tinha integridade moral. Dizem que três coisas podem derrubar os líderes: dinheiro, sexo e poder. Ao observarmos a história e as experiências de Neemias como líder, não vemos qualquer referência que desabone sua conduta.

> **1) Na área do dinheiro.** Não obstante ter administrado recursos financeiros e patrimoniais na reconstrução dos muros de Jerusalém, não usou indevidamente das contribuições. Não foi desonesto, nem desviou recursos destinados à obra do Senhor para proveito pessoal. Quando percebeu os desmandos cometidos por administradores da obra, Neemias protestou: "Disse mais: Não é bom o que fazeis: Porventura, não devíeis andar no temor do nosso Deus, por causa do opróbrio dos gentios, os nossos inimigos? Também eu, meus irmãos e meus moços, a juro, lhes temos dado dinheiro e trigo. Deixemos este ganho. Restituí-lhes hoje, vos peço, as suas terras, as suas vinhas, os seus olivais e as suas casas, como também o centésimo do dinheiro, do trigo, do

mosto e do azeite, que vós exigis deles. Então, disseram: Restituir-lho-emos e nada procuraremos deles; faremos assim como dizes. Então, chamei os sacerdotes e os fiz jurar que fariam conforme esta palavra" (Ne 5.9-12).

Silva acentua o caráter de Neemias como um líder exemplar: "Neemias não deixou que nenhuma tentação material, como a de fazer investimentos em terrenos, que lhe poderiam render boas rendas e dividendos, o desviasse de sua meta que era a tarefa de reconstruir o muro. Para isso Deus o houvera chamado e por isso ele teria que responder diante de Deus".[1]

2) Na área do sexo. À medida que lemos o livro de Neemias, não o vemos envolvido em relacionamentos ilícitos. Era comum os líderes buscarem muitas mulheres para si, pois a cultura da época permitia que o líder possuísse várias esposas e também concubinas, que lhe atendiam a qualquer hora em suas necessidades sexuais. Davi teve esposas e concubinas. Salomão perdeu-se ao formar um harém jamais visto na história de Israel. Contudo, Neemias soube portar-se como um verdadeiro líder, não se deixou levar pelos instintos carnais buscando aproveitar-se dos prazeres do sexo. Hoje conhecemos dezenas de casos de líderes cristãos que se envolveram em escândalos sexuais corrompendo até menores de idade.

3) Na área do poder humano. Uma vez alguém declarou: "Quer saber quem é o homem? Dê-lhe poder". A experiência geral parece confirmar essa ideia. Há pessoas que quando são simples congregados ou membros comportam-se de forma ética, respeitosa e séria. Entretanto, ao assumirem um cargo na administração da igreja local, mudam completamente. Muitos se esquecem dos princípios bíblicos e se corrompem.

Determinado líder de uma grande igreja passou a usar o dinheiro dos dízimos e das ofertas para proveito próprio. Adquiriu terrenos, casa, postos de gasolina, moeda estrangeira, veículos, e registrou-os em seu nome. Contudo, esse mesmo homem era radical com a questão dos costumes. Disciplinava os seus membros, sobretudo os jovens, por qualquer deslize, mas era um corrupto. No entanto, Deus o fez cair do "trono".

1 Dr. Kittim SILVA. *Nehemías el constructor*, p. 54.

Neemias soube administrar o poder que lhe fora conferido por Deus para ser o líder da restauração dos muros da Cidade Santa. Neemias não se corrompeu. Lord Acton, historiador católico, fez a seguinte declaração: "O poder corrompe e o poder absoluto corrompe absolutamente". A história, portanto, confirma esse pensamento, pois grandes ditadores e líderes tornaram-se corruptos.

Neemias foi um exemplo de integridade no período em que administrou a reconstrução dos muros: "Também desde o dia em que fui nomeado seu governador na terra de Judá, desde o ano vinte até ao ano trinta e dois do rei Artaxerxes, doze anos, nem eu nem meus irmãos comemos o pão do governador. Mas os primeiros governadores, que foram antes de mim, oprimiram o povo e tomaram-lhe pão e vinho e, além disso, quarenta siclos de prata; ainda também os seus moços dominavam sobre o povo; porém eu assim não fiz, por causa do temor de Deus" (Ne 5.14,15 – grifo nosso).

Eis a razão por que um homem de Deus não se corrompe no uso do seu cargo ou função: "Por causa do temor de Deus". Se não houver esse temor, será grande a probabilidade da corrupção administrativa ou moral no desenvolvimento das funções eclesiásticas ou administrativas. Que Deus nos guarde desse péssimo exemplo.

4) Lição para os líderes de hoje. Com o crescimento dos evangélicos, grande parte dos líderes está comemorando. Entretanto, grandes ministérios parecem não se importar com os muros da moral e da ética arruinados. As portas espirituais estão queimadas em função do ecumenismo; o satanismo, por exemplo, tem boa aceitação nas altas esferas da sociedade.

A corrupção está presente em todos os poderes do país. A prostituição e o homossexualismo já estão banalizados, isto é, as pessoas agem e reagem como se essas práticas fossem normais. Escândalos praticados por líderes evangélicos são divulgados, e nós não choramos e nem lamentamos diante de Deus. Ainda que pareça um jargão, podemos dizer que chorar é preciso! O profeta Joel também teve que chorar e exortar os sacerdotes de seu tempo por causa da calamidade espiritual de seu povo: "Cingi-vos e lamentai-vos, sacerdotes; gemei, ministros do altar; entrai e passai, vestidos de panos de sacos, durante a noite, ministros do meu Deus; porque a oferta de manjares e a libação cortadas foram da Casa de vosso Deus" (Jl 1.13).

Neemias valorizava a vida devocional. É de fundamental importância que o líder reserve em sua agenda momentos para o cultivo de sua vida devocional, pois dessa forma estreita sua comunhão com Deus. Neemias era um líder que cuidava da sua vida secular, mas também zelava por sua vida espiritual.

1) A oração. "E sucedeu que, ouvindo eu essas palavras, assentei-me, e chorei, e lamentei por alguns dias; e estive jejuando e orando perante o Deus dos céus" (Ne 1.4). Neemias sabia onde buscar o socorro ante os desafios da liderança. Há obreiros que são excelentes pregadores, ótimos cantores, mas são descuidados quanto à vida de oração. A oração é a base da vida ministerial ao lado da leitura bíblica.

O obreiro precisa orar todos os dias. Começar um dia de trabalho sem oração é correr um grande risco de enfrentar situações difíceis sem encontrar a solução para os elas. O exercício diário da oração é um reforço maravilhoso para a dinamização da igreja local. Há um ditado proferido nos púlpitos que declara: "Muita oração, muito poder; pouca oração, pouco poder; nenhuma oração, nenhum poder". A oração é a chave que abre as portas do sobrenatural quando o líder está buscando a unção do Espírito Santo. Neemias era homem de oração. Davi orava três vezes ao dia (Sl 55.17); Daniel orava três vezes ao dia (Dn 6.10); Jesus orava diariamente (Mt 26.44a).

O salmista também tinha o costume de começar o dia orando e vigiando. Um hino antigo diz: "Bem de manhã, embora o céu sereno pareça o dia a calma anunciar, vigia e ora o coração pequeno, que um temporal pode abrigar". Segundo o Pr. David Young Cho, pastor da maior igreja pentecostal, o segredo para uma boa liderança está na oração, se possível, feita mais de uma vez ao dia. O obreiro que ora tem ao seu dispor a energia e o poder de Deus para desenvolver seu ministério.

2) O estudo da Bíblia Sagrada. No sétimo mês do ano, Neemias reuniu o povo, na praça principal da cidade, para ouvir a leitura da Palavra de Deus (Ne 8.1). "E Esdras, o sacerdote, trouxe a Lei perante a congregação, assim de homens como de mulheres e de todos os entendidos para ouvirem, no primeiro dia do sétimo mês. E leu nela, diante da praça, que está diante da Porta das Águas, desde a alva até ao meio-dia, perante homens, e mulheres, e entendidos; e os ouvidos de todo o povo estavam atentos ao livro da Lei" (Ne 8.2,3).
Neemias era homem de Deus dedicado à leitura e ao estudo da lei, por isso, estava entre os que ensinavam o povo a Palavra de Deus. Após a reconstrução dos muros ele percebeu que precisava reconstruir a vida espiritual do povo. "E leram o livro, na Lei de Deus, e declarando e explicando o sentido, faziam que, lendo, se entendesse. E Neemias (que era o tirsata), e o sacerdote Esdras, o escriba, e os levitas que ensinavam ao povo disseram a todo o povo: Este dia é consagrado ao Senhor, vosso Deus, pelo que não vos lamenteis, nem choreis. Porque todo o povo chorava, ouvindo as palavras da Lei" (Ne 8.8,9 – grifo nosso). Neemias era o *tirsata*, ou seja, o governador da cidade. Seu tempo era ocupado nas atividades administrativas, legais e sociais. Mas ele não se descuidava do cuidado com a Palavra de Deus. Para ensinar, ele gastava horas lendo e estudando a Palavra do Senhor.

3) Lição para os obreiros de hoje. Assim como Neemias, o obreiro precisa ler e estudar a Bíblia diariamente para que tenha o que transmitir à igreja. Os dias são maus, por isso há muitos motivos para que o obreiro dedique-se mais ao estudo da Palavra de Deus.

Meditação: O salmista tinha prazer em ler e meditar na Palavra de Deus: "Oh! Quanto amo a tua lei! É a minha meditação em todo o dia!" (Sl 119.97). "Antecipei-me à alva da manhã e clamei; esperei na tua palavra" (Sl 119.147). Thomas E. Trask: "Todos os dias, das cinco às sete da manhã, estudo a Bíblia e oro" (Trask, p. 17).

Prevenção: É necessário ter a palavra no coração para não pecar (Sl 119.11).

Consolo: "Isto é a minha consolação na minha angústia, porque a tua palavra me vivificou" (Sl 119.50).

Direção divina: "Lâmpada para os meus pés é tua palavra e luz, para o meu caminho" (Sl 119.105).

Ordenamento ministerial: "Ordena os meus passos na tua palavra, e não se apodere de mim iniquidade alguma" (Sl 119.133).

Espelhando-se em Neemias, o obreiro que lê a Bíblia diariamente torna-se sábio para dirigir o rebanho que lhe confiou o supremo Pastor.

O Obreiro e a Santificação

A vida espiritual do obreiro requer santificação, pois ela é condição indispensável para chegar-se a Deus. Sem santificação ninguém verá o Senhor (Hb 12.14). Já vimos, no estudo do livro de Neemias, que ele era homem íntegro diante de Deus e do povo. A integridade é componente indispensável à santificação.

A santificação pessoal. Talvez seja uma das exigências que dê mais trabalho para ser alcançada. Normalmente, os obreiros envolvem-se tanto com as tarefas eclesiásticas e ministeriais que se esquecem de cuidar da sua própria alma, e isso é um grande perigo. Para santificação pessoal, o obreiro precisa considerar algumas coisas:

> **1) Apresentando-se a Deus.** Antes de apresentar-se à igreja, às pessoas, o obreiro precisa ter consciência de que deve apresentar-se a Deus, e a Bíblia nos diz como devemos fazê-lo: "Procura apresentar-te a Deus aprovado, como obreiro que não tem de que se envergonhar, que maneja bem a Palavra da Verdade" (2 Tm 2.15).
>
> **2) O cuidado de si mesmo.** "Tem cuidado de ti mesmo, e da doutrina..." (1 Tm 4.16). Esse versículo enfatiza dois aspectos importantes na vida do obreiro. Primeiro, o cuidado de si mesmo. Segundo, o cuidado com a doutrina. Esses dois cuidados precisam andar juntos, um não pode ser bem-sucedido sem o outro. O cuidado de si mesmo pode ser visto de modo abrangente. O obreiro precisa cuidar de sua vida espiritual, moral, social, familiar e financeira.

O cuidado com a doutrina refere-se ao zelo na ministração da Palavra e pelo fiel cumprimento da doutrina do Senhor. Para alcançar esse objetivo (esse cuidado), faz-se necessário que o obreiro seja disciplinado consigo e zeloso.

Como ter a santificação. O líder precisa desenvolver a santificação, que é o processo para alcançar a santidade. De acordo com a Bíblia, podemos anotar alguns cuidados a serem observados:

1) Andar em espírito (Gl 5.16,17);
2) Não deixar o pecado reinar em nosso corpo (Rm 6.12; 1 Ts 4.3);
3) Mortificar as obras do corpo (Rm 8.13);
4) Apresentar o corpo em sacrifício vivo e agradável a Deus (Rm 12.1);
5) Glorificar a Deus no corpo (1 Co 6.19,20).
6) Conservar o corpo irrepreensível para a vinda do Senhor (1 Ts 5.23).

O apóstolo Paulo declara: "Falo como homem, pela fraqueza da vossa carne; pois que, assim como apresentastes os vossos membros para servirem à imundícia e à maldade para a maldade, assim apresentai agora os vossos membros para servirem à justiça para a santificação (Rm 6.19). "Porque não nos chamou Deus para a imundícia, mas para a santificação" (1 Ts 4.7).

A santificação no ministério. O ministério pastoral é um dos maiores desafios na vida de um homem. É glorioso e espinhoso ao mesmo tempo. É agradável e pesado, de igual modo. Somos obreiros "chamados" e "separados" por Deus (Rm 1.5,6) para uma obra que muitos desejam, mas poucos possuem as características exigidas por Deus. Dentre essas características, a santidade aparece em destaque como condição indispensável para a realização da missão.

O grande problema do ministério é que o obreiro é um "vaso de barro" que pode se quebrar a qualquer momento, e que contém dentro dele um "tesouro" que lhe é entregue por Deus "para que a excelência do poder seja de Deus", não do obreiro (cf. 2 Co 4.7). Para que "o vaso" (o obreiro) não se rache e não se quebre, é necessário que haja um exercício contínuo e permanente de santificação. É o cuidado de si mesmo e da doutrina (cf. 1 Tm 4.16).

O adversário do ministério, o Diabo, está de plantão 24 horas por dia tentando derrotar obreiros, ministros e pastores. A santificação do ministério exige do obreiro a crucificação com Cristo, e isso implica a crucificação do eu, de forma que tudo o que fazemos na igreja seja colocado em sacrifício santo e agradável a Deus no altar do serviço ao Senhor.

A santificação do ministério pode ser vista sob alguns ângulos das tarefas pastorais:

A santificação do ministério da palavra. Certamente, a missão do pastor é mais desenvolvida através da transmissão da Palavra, da mensagem propriamente dita, para a igreja. Um obreiro, pastor ou líder, à frente do trabalho, precisa ter mensagens para transmitir ao rebanho. A verdadeira mensagem é aquela que vem de cima, que flui do Espírito de Deus para o espírito do mensageiro, e passa para a igreja, com unção e graça, de modo que todos são tocados pelo poder de Deus, transbordando em amor, temor e alegria espiritual.

Esse tipo de mensagem só pode existir se o obreiro buscar a presença de Deus com oração e jejum. Certo pregador dizia que muitos lhe indagavam sobre o segredo de ter tanta unção para transmitir mensagens ao povo. Veja a sua resposta: "O segredo é que muitos oram cinco minutos para pregar uma hora; eu oro uma hora para pregar cinco minutos".

Paulo, extraordinário pregador, não confiou em sua formação privilegiada aos pés de Gamaliel. Escrevendo aos coríntios, ele disse: "A minha palavra e a minha pregação não consistiram em palavras persuasivas de sabedoria humana, mas em demonstração do Espírito e de poder" (1 Co 2.4). Ele confiava na eloquência do poder, em vez de se firmar no poder da eloquência. O ministério da palavra é santificado por uma vida pessoal de devoção e adoração a Deus. Sem exageros, podemos dizer que o livro de Neemias é um verdadeiro manual de liderança para os que têm a tarefa de estar à frente de uma igreja ou de um departamento. As lições daquele homem de Deus são válidas para a administração eclesiástica nos nossos dias, em que os desafios são cada vez maiores e mais difíceis de serem confrontados. Contudo, com a graça de Deus e a unção do Espírito Santo, é possível alcançarmos os objetivos da obra do Senhor seguindo os padrões de liderança que emanam de sua Palavra.

Reflexão

1. Por que Neemias foi chamado para uma grande missão?
2. Em que áreas Neemias foi íntegro? Nos dias atuais, os líderes estão preocupados com essas áreas de suas vidas?
3. Qual era o cargo público de Neemias? Os cristãos que ocupam cargos públicos têm honrado a Deus?
4. Como o ministério da palavra é santificado? A santificação ainda é necessária para o povo e para os líderes na igreja local? (Veja Hb 12.14; 1 Pe 1.15)

PERFEITO
APESAR DOS ERROS
Formando
um Homem de Deus
Alan Redpath
Mesmo com suas falhas, Davi foi um homem extremamente dedicado a Deus. E nós, apesar de imperfeitos como ele, temos hoje a oportunidade de seguir o exemplo de alguém que foi considerado por Deus, um homem com um coração igual ao Seu.
Nestas páginas, testemunhe o sucesso decorrente de se dedicar à vontade do Senhor e prepare-se, pois grandes mudanças acontecerão na sua vida.
ALAN REDPATH
FORMANDO
UM HOMEM DE DEUS
LIÇÕES DA VIDA DE DAVI
FORMANDO UM HOMEM DE DEUS
ALAN REDPATH
CPAD
Cód.: 180688 /14,5x22,5cm / 264 páginas.
CPAD
www.cpad.com.br